En wat deed mijn eigen volk?
Breendonk, een kroniek

Voor Marina
omdat je er bent

Tweede druk oktober 2003
Eerste druk september 2003

Omslagontwerp: Michiel Mertens / Soap
Illustraties voorplat en binnenwerk: © Wilchar
Vormgeving: EPO
Druk: drukkerij EPO

© Jos Vander Velpen en uitgeverij EPO vzw, 2003
Lange Pastoorstraat 25-27
2600 Berchem
Tel: 32 (0)3/239.68.74
Fax: 32 (0)3/218.46.04
E-mail: uitgeverij@epo.be
www.epo.be

Isbn 90 6445 305 5
D 2003/2204/27
Nur 680

Verspreiding voor Nederland
Centraal Boekhuis BV Culemborg

EN WAT DEED MIJN EIGEN VOLK?

Breendonk, een kroniek

Jos Vander Velpen

EPO

'Een vlammend vuur om zich te warmen, als een theatervuur.
Gedoopt met een eigenaardige naam: de Danszaal, een
afschuwelijke plaats.
Doen alsof men zich verwarmt: waardigheid van de mens.'

Woord vooraf

Het beste wat je over het kamp van Breendonk kunt zeggen, is dat het mooi gelegen is. Vanbuiten gezien heeft het gebouw een robuuste uitstraling, die elke gedachte aan ontsnappen in de kiem smoort. Vanbinnen is het een labyrint van gangen en kamers. Het tocht er altijd een beetje. En het licht! Schemerig, spookachtig licht.

In vier jaar tijd, van september 1940 tot september 1944, verbleven hier een kleine vierduizend gevangenen: aanvankelijk joden en 'asociale elementen', later politieke gevangenen, verzetsstrijders en gijzelaars. Het gros ervan waren Belgen, maar in totaal werden er meer dan vijftien nationaliteiten in het fort opgesloten.

Breendonk is niet 'zomaar een kamp', want er is al te veel gebeurd wat niet had mogen gebeuren. Volksvertegenwoordiger Jos Bracops benadrukte dat Breendonk alle andere kampen waarin hij zat – Auschwitz, Mauthausen en Belsen – zowel in het kwade als in het goede overtrof. Afschuwelijk was het optreden van de SS-politie, en aangrijpend de moed en de saamhorigheid van de meeste gedetineerden die, onder toezicht van Belgische SS'ers, het onder dikke lagen aarde bedolven fort, meter voor meter uit moesten graven. Niet voor niets had Breendonk zich de bijnaam 'kamp van de sluipende dood' verworven. Officieel was het een 'opvangkamp', maar in werkelijkheid verschilde het nauwelijks van een concentratiekamp, hoewel het minder gevangenen en meer bewakers telde, zodat niemand zich in de anonieme massa kon verstoppen. Vanaf september 1941 werden ruim een paar duizend gevangenen op transport gesteld naar het Oosten.

Niet meer dan 1733 van de kleine vierduizend Breendonkse kampbewoners overleefden de oorlog. Al bij al blijft het onduidelijk hoeveel personen in Breendonk omkwamen. Volgens de openbare aanklager in 'het proces van Breendonk', dat in de lente van 1946 in Mechelen plaatsvond, werden naar schatting 450 gevangenen terechtgesteld, van wie we er 185 met naam en toenaam kennen. Eenentwintig ervan werden opgehangen en 164 gefusilleerd, vrijwel steeds zonder enige vorm van proces. Meer dan honderd stierven door uitputting, ontbering of mishandeling. De meeste anderen verloren de wedloop met de dood in allerlei Duitse en Poolse 'werk'- en vernietigingskampen.

In 1947 verhief het parlement Breendonk tot nationaal gedenkteken. 'De herinnering eraan moet levendig gehouden worden, want een dergelijke ramp mag nooit meer voorkomen.' Sindsdien is bijna zestig jaar verstreken. Over de gevangenen daalde een diepe stilte neer. Mede daardoor kon bij buitenstaanders de indruk ontstaan 'dat het allemaal wel niet zo erg zal zijn geweest'. En wat triester is: er gingen steeds meer stemmen op om de oorlog te zien als een afgebakende, al lang voorbije periode. Alsof het verleden al toeristisch vermaak was geworden, een pijnloos ding, waaraan men niet langer aandacht hoefde te besteden. Een gevaarlijk en kortzichtig standpunt want voor de nabestaanden ging die oorlog nooit voorbij. Ook niet voor de overlevenden trouwens, die na de bevrijding doorgaans zwegen over het hun aangedane leed. Ze vonden het moeilijk erover te praten en anderen zaten er niet op te wachten. Er braken immers nieuwe tijden aan. Nooit meer oorlog! Het zou fantastisch worden. Iedereen wilde feesten.

Nee, aan het verleden komt nooit een eind. Er is altijd wel iets dat over het hoofd wordt gezien. Er zijn stapels boeken over Auschwitz, maar de literatuur over Breendonk is zogoed als onbestaande. Breendonk is immers een onplezierig onderwerp. Het ligt om de hoek en ook Belgische SS'ers hadden het hier voor het zeggen.

Welk boek is passend bij een plaats als Breendonk? Welke stijl past bij dit kwaad? Welk verhaal bedekt deze totale minachting van het leven? Er schiet me maar één gezegde te binnen: 'Het menselijke leven kan niet worden samengevat.' Dat is maar al te waar. Wat niet kan worden samengevat, moet dus worden verteld, maar ik betwijfel of ik met deze verhalen, waarvan geen enkel verzonnen of geromantiseerd is, ten volle recht kan doen wedervaren aan wat er met de bewoners in Breendonk is gebeurd. Zij zullen op papier slechts een fletse afspiegeling aantreffen van de verschrikkingen die ze er moesten doorstaan.

Ik reconstrueerde de geschiedenis van Breendonk aan de hand van archiefmateriaal en egodocumenten en putte hoofdzakelijk uit de talloze getuigenissen die door de betrokkenen na de oorlog werden afgelegd tijdens de processen tegen hun boosdoeners. Alleen al tijdens 'het proces van Breendonk' kwamen zo'n 450 getuigen aan het woord. Het was een vreemde gewaarwording te bladeren in de honderden pagina's met getuigenissen. Niet alleen de gruwelen van de nazi-terreur, maar ook minder dramatische en soms zelfs tamelijk alledaagse gebeurtenissen worden erin vermeld.

Ik maak van deze gelegenheid gebruik om alle mensen te danken die mij hebben gesteund. Hen allen met name noemen, is niet mogelijk. Toch wil ik speciaal Willem Pauwels bedanken die in 1943 in Breendonk werd opgesloten. Na de bevrijding maakte Pauwels, bekend als Wilchar, 32 gouaches die het kampleven nauwkeurig weergeven. Voorts dank ik mevrouw Linda Sevens wier vader in Breendonk werd vermoord, en Henri Vanmolkot, een student in de medicijnen, die Breendonk en Buchenwald overleefde. Ondanks zijn wankele gezondheid werd Vanmolkot geneesheer in Kortenaken, een dorpje in het Hageland, waar ik hem als kind vaak heb ontmoet, zodat hij bij mijn jeugd hoort net als klauterpartijen en sneeuwpret. Hij bekommerde zich om zijn patiënten, was steeds innemend en begripvol doch de tijd heelde zijn wonden niet. Die wilde hij, denk ik, ook niet laten helen. Wat er gebeurd was in Breendonk raakte hij nooit meer kwijt. Dokter Vanmolkot stierf veel te jong zoals velen van zijn lotgenoten.

Niet alleen dokter Vanmolkot maar alle kampbewoners van Breendonk vochten voor onze toekomst en onze vrijheid. Aan hen allen, en met hen aan alle verzetsmensen – grote en kleine – draag ik dit boek op in de hoop dat de gebeurtenissen daarin ons nooit meer zullen overkomen.

Antwerpen, 5 augustus 2003

DEEL EEN | 1940

'Rechtop, neus tegen de muur, de armen boven het hoofd.
Levende haag van dunne bomen.
Hoe een mens nog kan groeien.'

DE KAMPCOMMANDANT

De auto verlaat de weg Brussel-Antwerpen, zwenkt de Dendermondsesteenweg op en stopt aan de kasseiweg precies
voor de ingang van het fort van Breendonk, een groezelig,
futuristisch aandoend gebouw dat voor dik 2200 goudfranken
voor de Eerste Wereldoorlog werd opgetrokken en toen het
zuidelijkste punt van de verdedigingsgordel rondom Antwerpen vormde.

Een rijzige man met een onverschillig gezicht stapt uit en
loopt de houten brug over. Hij is groot, goed verzorgd en
gekleed in een SS-uniform met glimmende knopen. Aan zijn
koppelriem hangt een pistool. Zijn gezicht is smal en fijnbe-
sneden met een regelmatig profiel en hij heeft zwart, achterovergekamd haar. De pas tot Sturmbannführer bevorderde
Filip Schmitt werkt voor de Sicherheitspolizei (SIPO) en de
Sicherheitsdienst (SD) De SIPO/SD werd op 27 juli 1940 officieel geïnstalleerd in een appartementsgebouw aan de Brusselse Louizalaan.

Schmitt heeft de opdracht gekregen het fort te verkennen
want de SIPO/SD wil het inrichten als een 'Auffanglager' voor
'asociale elementen'. Schmitt, geboren op 20 november 1902
in het Beierse provinciestadje Bad Kissingen, heeft het ideale
profiel van kampcommandant. Hij komt uit een bescheiden,
katholiek gezin met een vader die het nooit verder heeft
geschopt dan lagere rechtbankambtenaar en een moeder die
er als huisvrouw het beste van probeert te maken. De jonge
Schmitt heeft hersenen, maar meer dan de lagere school en
enkele jaren middelbaar onderwijs konden er tijdens de oorlog niet af. Hij komt na de Duitse nederlaag in een soort nie-

mandsland terecht, meldt zich als zeventienjarige bij de militaire formatie 'Grenzschutz Ost' en gaat zelfs even in het klooster.

Schmitt trouwt met Ilse Birkholz, een medisch assistente, geboren in Hoboken in de Verenigde Staten, en werkt korte tijd in verschillende baantjes als bediende bij de gemeente, de rechtbank en een bank. Zijn beroepsleven is een lange staat van mislukkingen. Slechts met de steun van de nazi's kan hij hoger op de ladder klimmen. Op 22 september 1925 wordt hij lid van de NSDAP. Zijn curriculum vermeldt verder: toegetreden tot de SA op 1 december 1930, Scharrführer in 1931, Truppenführer in 1932. Door zijn politieke verdiensten wordt hij snel bevorderd. In 1934 is hij al lid van de Sicherheitsdienst (SD). Hij krijgt verscheidene, niet nader omschreven, bijzondere opdrachten. Het jaar daarop duikt hij op in het zenuwcentrum van de SD te Berlijn. Als de oorlog in 1939 uitbreekt, heeft hij het grootste deel van zijn leven in uniform doorgebracht en behoort hij tot degenen die hoog in aanzien staan bij de hoogste politieleiding. Het is wellicht daaraan te danken dat hij aan frontdienst kan ontsnappen. Hij wordt ingedeeld bij de organisatie van dr. Todt, de ingenieur die belast is met het bouwen van de Westwall. In die hoedanigheid volgt Schmitt het Duitse leger tot in België. Maar zijn naam als expert op het gebied van 'subversiebestrijding' is hij niet verloren en hij wordt na de capitulatie van het Belgische leger onmiddellijk overgeplaatst naar de Sicherheitsdienst te Brussel.

Staande op de brug ziet Schmitt een grauw complex dat iets weg heeft van een enorme molshoop. De muren vertonen nog barsten van de mortieraanvallen die de Duitsers in oktober 1918 dagenlang uitvoerden. De vesting vormt een regelmatige rechthoek van 270 bij 155 meter en ligt begraven

onder dikke lagen aarde, afkomstig uit een twintig meter brede gracht die het fort als een schelp omsluit.

De ss'er duwt de ijzeren poort open. Hij bevindt zich in een
lange, schemerige gang en staart naar het plafond waarop het
vage schijnsel van een zwakke gloeilamp een hoekig, statisch
schaduwpatroon vormt dat nergens op lijkt, maar even kil en
afstotend is als het hele gebouw. De brakke lucht riekt naar
schimmel. Aan weerszijden van de gang liggen bergruimten.
Rustig slentert de ss'er verder en komt weldra bij een veertien-
tal gewelfde kamers van twaalf bij zes meter met verduisterde
ramen. Het kleurenschema is zeer eentonig, het gewelfde plafond vuilwit en de muren grijs. Op sommige plaatsen zijn
lichtbruine vochtplekken te zien. Schmitt kijkt om zich heen.
Er werd weliswaar opgeruimd, maar er zijn geen bedden, meubelen, douches of sanitaire voorzieningen. Alles ziet er kaal en
groezelig uit. De majoor kan er niet bij dat het Belgische leger
hier van 10 tot 17 mei 1940 zijn hoofdkwartier had.

Vervolgens klimt de ss'er naar de top van het fort, vanwaar hij
een weids uitzicht heeft over het omliggende Klein-Brabant,
dat ingeklemd is tussen de Schelde aan de westkant, de Rupel
aan de noordoostkant en het kanaal Hingene-Brussel aan de
oostkant. Bakstenen boerderijen, akkers en weilanden, be-
boomde dijken en kronkelende kreken liggen vredig in het
vlakke land. In de verte rijden de auto's over de weg Brussel-
Antwerpen en markeren de kerken van Breendonk en Willebroek de horizont.

Terwijl Schmitt de omtrek afspeurt, realiseert hij zich dat de
streek strategisch interessant is met het Sas van Wintam, het
vliegveld van Hingene, haar wirwar van wegen en spoorlijnen, die de dorpen met de nabijgelegen steden Antwerpen,
Brussel, Mechelen, Dendermonde en Sint-Niklaas verbin-
den. En dan zijn er nog de talrijke forten – Bornem, Liezele,

Walem – vanwaar de Duitsers wegen, dijken en spoorlijnen kunnen controleren.

Majoor Filip Schmitt vindt het zo wel mooi geweest en gaat terug naar de roestige toegangspoort die hij met een bons achter zich dichtslaat. Tien minuten later rijdt hij weg, verrukt over de immense taak die hij op zich genomen heeft.

Dr. Hasselbacher, de chef van de SIPO/SD, wil Breendonk zo spoedig mogelijk in gebruik nemen want de gevangenissen zijn constant vol en hij is ervan overtuigd dat vroeg of laat het verzet de kop op zal steken. De plaatsvervanger van Himmler in België en Noord-Frankrijk gooit het met generaal Alexander von Falkenhausen op een akkoord. De militaire bevelhebber mag op administratief gebied het kamp runnen, en in ruil daarvoor belooft hij zich niet te veel met het doen en laten van de Sicherheitspolizei te bemoeien.

De gemeente Breendonk moet tegen wil en dank aan de renovatie van het fort meewerken en stuurt Jan De Schutter ernaartoe om de elektrische boel op orde te krijgen. Aannemer August Pas van zijn kant voert inderhaast de hoogstnoodzakelijke werken aan de waterleiding uit. Als lokale leider van het Vlaams Nationaal Verbond (VNV) in Londerzeel behoort Pas tot de 'richtige' partij.

Op 29 augustus verzoekt de Duitse legercommandant van Mechelen, von Marcker, de gemeente Breendonk dringend voor 1 september het nodige huisraad te leveren. 'Het kamp moet binnenkort tweehonderd gevangenen kunnen herbergen', schrijft hij. Op 15 september worden de spullen geleverd: 200 bedden met strozakken, 200 dekens, 200 krukjes, 50 schragen, 20 tafels, 5 kachels, 10 bezems, 10 schoppen, 200 borden en drinkbekers van email, 4 grote kookpotten, 4 zinken emmers, 3 pannen, 5 voorsnij- en 2 broodmessen, 17 grote koffiekannen, 20 grote emaillen schotels, 1 keukentafel, 1 bezem en 5 dweilen. Het fort is net bijtijds klaar om de eerste gasten te verwelkomen.

DE HOSPITA

Op vrijdag, 20 september staan ze met z'n vijven voor de inrit van het uitgestorven fort. Iedereen lijkt bezorgd behalve commandant Schmitt, voor de gelegenheid geheel in het zwart gekleed, en zijn chauffeur SS-Scharführer Alfred Hertel, die gereserveerd en sceptisch toekijkt.

Niemand merkt dat Schmitt drie mannen het fort binnenduwt, wier opsluiting noch aan pech, noch aan toeval te wijten is. Twee van hen zijn van joodse afkomst. De een is Benton Galanter, een 34-jarige Bessarabische handelaar uit Brussel, die als vrijwilliger in het Belgische leger diende. De ander die Erich Adler heet, is een Duitse jood van in de veertig. Hij kwam in 1938 met zijn niet-joodse vrouw in België aan en werd in juli 1940 in het Franse kamp Saint-Cyprien geïnterneerd. De derde, René Dillen uit Hoboken, is secretaris van de Vlaamse Communistische Jeugd. Hij werd aan de Nederlandse grens aangehouden met vertrouwelijke documenten op zak. De drie bewegen zich als schimmen door de spaarzaam verlichte gang en bekomen in de veiligheid van hun kamer maar langzaam van de schok. De sfeer is beklemmend en heeft iets onwerkelijks. Het duurt even voor het tot hen doordringt dat het de stilte is, al is die betrekkelijk want van buiten komt een onbestemd en nauwelijks waarneembaar geluid. Als van verkeer op grote afstand of van een in de verte ruisende zee. De volgende dag krijgen ze versterking van de Poolse jood Herszl Frydman en zijn zonen Joseph, David en Jacques die op 16 september 1940 werden opgepakt toen ze zich in hun kledingzaak aan de Roger Van der Weydenstraat 49 te Brussel bevonden. Ze moesten zich gereedmaken voor een reis. Welke reis? Dat vertelden de Duitsers er niet bij. Wisten ze dat David zich bij het Poolse Legioen had gemeld en dat hij op het punt stond in het huwelijk te treden? Tot hun transport naar Breendonk bleven de Frydmans om onbekende redenen in de gevangenis van Sint-Gillis.

Doordat ze met weinigen zijn, delen de gevangenen alles samen, onzekerheid, leed en hoop, verenigd door hetzelfde onheilsgevoel. Ze hebben de indruk aan onbekende, dreigende toestanden en vreemde ongerijmdheden bloot te staan, maar voorlopig doorbreekt nog niets de dagelijkse routine en eentonigheid. Er is gewoonweg niets te doen. Zelfs het aftellen van de dagen heeft geen zin. Niemand kan ergens heen. Hoe lang zullen ze hier nog vastzitten? Zullen ze nog ooit hun familie terugzien? Ze durven daar niet te veel aan te denken. 'We zullen wel zien', is de vaakst gehoorde opmerking. Maar de krantenkoppen van 21 september zijn allesbehalve geruststellend. 'Volledige overeenstemming tussen de leidende personaliteiten van de Spil-mogendheden in Rome. Naar de definitieve vestiging van een Nieuwe Orde in Europa', kopt het Antwerpse blad *De Dag*. En het hoofdartikel in het VNV-blad *Volk en Staat* voorspelt ook weinig goeds. 'Is de nieuwe tijd vaardig over u, kameraden?' luidt de titel. De tekst spreekt voor zich. 'De Nieuwe Orde komt eraan. We voelen haar. We wenken haar. We zien ernaar uit als naar de verlossing.'

De lange, slungelige kampcommandant en zijn chauffeur steken de Dendermondsesteenweg over en kloppen aan op nummer 109, een eenzaam huis, verscholen tussen de bomen. Mevrouw Verdickt doet de deur op een kier open en kijkt de ss'ers achterdochtig aan. Als vrouw kun je in deze verlaten uithoek niet voorzichtig genoeg zijn. Bovendien is ze niet erg op Duitsers gesteld. 'Mogen we binnenkomen?' Ze is even volkomen uit het veld geslagen, maar doet de deur dan verder open en gaat haar bezoekers voor naar de huiskamer. De ss'ers nemen het vertrek rustig op. De vrouw volgt hun blik en schuifelt zenuwachtig met haar voeten. Schmitt moet haar twee keer uitleggen wat hij van haar wil voor ze begrijpt wat hij bedoelt. 'Tja, hoe moet ik dat zeggen', mompelt ze. 'Ik weet het echt niet.' Ze haalt diep adem en voegt er vlug aan toe: 'Het zou niet bij mij opkomen kamers aan vreemde mensen te verhuren. Maar ja, als u aandringt...' De commandant valt haar onmiddellijk in de rede: 'Dat is prima. Dan zijn we het eens.' Daarna loopt hij naar de voordeur, draait zich om en zegt: 'We betalen natuurlijk voor kost en inwoning.'

Mevrouw Verdickt voelt zich opgelaten. Ze denkt dat ze een zware vergissing heeft begaan. Had ze niet onmiddellijk nee moeten zeggen? En wat gaan de mensen denken? Breendonk en Willebroek zijn klein en iedereen kent daar iedereen. De meeste inwoners zijn terughoudend, houden zich afzijdig en kijken alleen maar toe, bang en onwetend als ze zijn.

De zaak gaat haar steeds meer dwarszitten. Ze raakt erdoor uit haar gewone doen en besluit voor alle zekerheid de kwestie voor te leggen aan Gaston Fromont, de socialistische burgemeester van Willebroek. 'Zou ik niet beter verhuizen?' steekt ze van wal. Fromont denkt even na. 'Dat moet je niet doen', antwoordt hij eindelijk. 'Iedereen weet toch dat je niet pro-Duits bent. Je kunt er maar beter het beste van proberen te maken en misschien hebben we er nog wat aan.'

Het duurt niet lang of de kampcommandant en zijn twee ondergeschikten, Alfred Hertel en de Berlijner Kurt Zimmerman, trekken bij Verdickt in. Ze hebben het er naar hun zin. De was wordt gedaan, de bedden opgemaakt, het eten staat klaar, het is gewoon praktisch. Het werk kost Verdickt veel tijd en ondanks het feit dat ze goed weet waar ze aan begonnen is, voelt ze zich altijd weer opgelucht als de kostgangers de deur uit zijn. Regelmatig komen de Frydmans en andere kampbewoners om water bij haar langs want het water van het fort is verontreinigd omdat er dode ratten in de waterput drijven. Verdickt tracht de gevangenen dan ongemerkt een stuk brood toe te stoppen en hen moed in te spreken, hoewel de Wehrmachtsoldaten haar op haar vingers kijken.

Op een zondag geeft de vrouw van Galanter een voedselpakket af waarin brood, gerookt vlees en boter voor haar man zitten. Zimmerman wil het openmaken, maar Verdickt schiet langs hem heen, grist het pak uit zijn hand en zegt: 'Dat komt u niet toe.'

Bijna dagelijks druppelen nieuwe gevangenen binnen: joden en niet-joden, smokkelaars, vermeende of veroordeelde criminelen en politieke gevangenen van diverse nationaliteiten. Op 26 september arriveert Vital Verdickt, het hoofd van de Nationale Dienst voor Arbeidsbemiddeling en Werkloosheid in Gent. Is hij opgepakt omdat hij de tewerkstelling in Duitsland boycotte? Wie zal het zeggen? Verdickt wordt overgebracht naar een stampvolle kamer. Wat een idee, al die diverse gevangenen, die uit alle windstreken komen, bij elkaar te persen.

De nieuwelingen krijgen een afgedragen uniform van het Belgische leger met daarop een nummer en een gekleurd lint – rood voor de politieke gevangenen en geel voor de joden – zodat de bewakers dadelijk weten wat voor vlees ze in de kuip hebben. De smokkelaars dragen het 'Ariërslint' met in het midden een klein, geel vierkantje en krijgen daarom de bijnaam 'wit-joden'. 'Woekeraars en sjacheraars' zijn niet erg graag gezien, want de bezetter treedt streng op tegen zogenaamde 'asociale elementen' die zich schuldig maken aan sluikhandel, verkoop zonder bons, smokkel, achterhouden van stocks, en inbreuken op de ravitailleringsvoorschriften.

Kleine 'criminelen' zoals Albert Koper en Israël Steinberg, die op 3 oktober in gezelschap van vier andere Oost-Europese joden arriveren, hebben meestal een miserabel leven achter de rug. Op de vlucht voor het oprukkende nazisme bracht de zestigjarige Steinberg, een rondzwervende kruimeldief, heel wat tijd achter de tralies door, tot hij bij het uitbreken van de oorlog in Merksplas opgesloten werd. Sommige 'criminelen' hebben de neiging om te kibbelen, de zwakkeren te overbluffen, af te geven op die 'idioten' van politieke gevangenen en een hiërarchie te vormen, berustend op sluwheid en brute kracht. Bepaalde andere, zoals Albert Koper, kunnen wel goed met hun medebewoners opschieten. Eén ding is zeker: alle gedetineerden, of het nu politieke gevangenen of 'criminelen' zijn, delen hetzelfde treurige lot. Slechts een paar, Erich Adler en de voormalige Duitse communist Willy Giersch, die het met gevlei en verklikking tot Zugführer hebben geschopt, hebben niet te klagen. Ze hebben er alles voor over om bij de kampleiding in de gunst te blijven staan. Die kameroversten hebben met niemand medelijden. Wie niet blind gehoorzaamt of wie er niet in slaagt zijn stugge, weerbarstige strozak mooi glad te maken, geven ze ervan langs. Giersch en Adler commanderen ook bij het werk. De Duitsers hebben eerzuchtige plannen: de gevangenen moeten het fort met prikkeldraad afsluiten en het daarna als het ware met blote handen meter voor meter uitgraven. Er komen geen kranen, geen vrachtwagens, zelfs geen ossen of paarden aan te pas. De gedetineerden moeten zich behelpen met schoppen en pikhouwelen. Met kruiwagens sjouwen ze hopen aarde en puin naar de overkant van de gracht, honderden meters verder. Na een lange werkdag zijn ze dan ook geradbraakt.

DE KLEERMAKER

Herszl Frydman was kleermaker in Brussel en heeft het daar altijd over. Uit zijn familie komen echte kleermakers, zegt hij, uitstekende stielmannen. De man is 55 jaar, mager, tenger en gewend aan een zittend leven. Het zware werk op het bouw- terrein maakt zijn rug kapot en Herszl werd daar al eens aan geopereerd. Hij is duidelijk niet geschikt voor dit harde labeur. De kwestie houdt hem dag en nacht bezig, want de pijn in zijn rug wordt met de minuut erger. 's Nachts piekert Frydman tot zijn hoofd er pijn van doet: 'Ik moet iets onder- nemen', besluit hij.

Op een dag ziet hij Schmitt naderen. Frydman krijgt opeens de ingeving waarnaar hij tevergeefs gezocht heeft. Zonder erbij na te denken, stapt hij op de kampcommandant toe, gaat in de houding staan en zegt: 'Ik heb een probleem, Herr Lagerführer.' Schmitt kijkt hem aan alsof hij iets heel smerigs verteld heeft. 'Met mijn kapotte rug kan ik het werk niet meer aan', vervolgt Frydman. 'Hebt u geen andere job voor mij? Ik ben mijn hele leven kleermaker geweest.' Schmitt hoort hem onbewogen aan. 'U mag me vragen wat u wilt, ik kan bijvoor- beeld voor u een pak op maat maken', prijst de kleermaker zichzelf aan. De kampcommandant is ijdel, dat is algemeen bekend. Hij kleedt zich graag goed als hij naar een restaurant

of een kroeg gaat, wat vaak genoeg gebeurt. Peinzend strijkt
Schmitt over zijn haar en zegt: 'In orde.'

Door die twee achteloos uitgesproken woorden blijft Frydman voortaan van dwangarbeid gespaard. Hij maakt lange
dagen. Van 's morgens vroeg tot 's avonds laat herstelt hij in
het atelier versleten uniformen van het Belgische leger. Alle
gevangenen moeten zo'n verfomfaaid uniform dragen, waarop hun nummer en een gekleurd lint genaaid wordt. Frydman moet de epauletten verwijderen, maar van de metalen
knopen met daarop de heraldische leeuw blijft hij af. Bovendien moet hij allerlei spullen sorteren want de nieuwkomers
moeten alles afgeven: gouden polshorloges en trouwringen,
vulpennen, leren aktetassen en koffers, regenjassen, kos-
tuums, ondergoed, sokken, zakdoeken en toiletbenodigdhe-
den.

Frydman voert zijn opdrachten met volle overgave uit. In ruil
voor een werktafel, een naaimachine en ander gerief, maakt
hij een broek voor de kampoverste. En die is tevreden als hij
zich in de spiegel bekijkt. De kleermaker grijpt zijn kans. 'Ik
kan niet zonder sigaretten', klaagt hij bij Schmitt die een
algeheel rookverbod uitgevaardigd heeft. Frydman beschouwt de sigaret als synoniem van vrijheid, bijna als een
soort protest. Na een dag van zorg en stress is een sigaret een
moment voor hemzelf. Het is ook heimwee, het terugverlan-
gen naar de tijd dat hij nog niet opgesloten was. De SS'er
maakt een vaag gebaar naar een pakje sigaretten en zegt: 'Pak
aan, maar verklap het aan niemand.'

Als Walter Obler, een 34-jarige Oostenrijkse jood, op maandag 14 oktober arriveert, is het volop herfst. De dagen beginnen te korten en de bomen verliezen hun roestkleurige blaren. Bomen zijn er overigens in het kamp niet te bekennen,

niet eens een populier of treurwilg. De Oostenrijkse jood is struis gebouwd en getrouwd met Maria Skamene. Zijn ouders overleden toen hij veertien was. Toen de Duitsers in 1938 Oostenrijk binnenvielen, vluchtte hij naar Brussel. Om het hoofd boven water te houden werkte hij er als magazijn-bediende, kelner en kolendrager. In mei werd hij naar Saint-Cyprien gedeporteerd. Na de val van Frankrijk glipte hij opnieuw België binnen, maar de Duitsers stopten hem in de gevangenis van Leuven en castreerden hem 'gedeeltelijk' met de waarschuwing: 'Als u niet scheidt van uw Arische vrouw, volgt de rest.'

Alle gevangenen mijden Obler zo veel mogelijk. De Oosten-rijker ziet er niet bepaald innemend uit en spreekt met een Weens accent, wat op zich al argwaan wekt. En wat meer is, hij werkt zich uit de naad en leeft de reglementen stipt na om bij de Duitsers in de gunst te komen.

Kort na de aankomst van Obler wordt de kampleiding uitge-breid met Untersturmführer Arthur Prauss, die afkomstig is uit Charlottenburg, bij Berlijn. Als voormalig kampbewaker in Sachsenhausen-Oranienburg kent hij als geen ander het klappen van de zweep. De luitenant neemt dadelijk de teugels in handen. 'U moet één ding goed begrijpen: het is hier geen kuuroord', waarschuwt hij de gevangenen tijdens een van zijn eerste toespraken. Waarop hij eerst op gematigde toon, maar algauw luid en geëmotioneerd uitroept dat Engeland binnen-kort naar het Stenen Tijdperk teruggebombardeerd zal wor-den.

De gedrongen, immer brommende Prauss voert een Spar-taans regime in. De morgen-, middag- en avondappèls verlo-pen strikt volgens het protocol. De gevangenen moeten als één man hun gezicht in de richting van de SS'ers draaien. Mützen ab! Mützen auf! Geef acht! Op de plaats, rust! Koppen tellen, rapporteren, enzovoort. Praten of plassen tijdens het werk is streng verboden. Bezoek van vrienden of familieleden is uit den boze.

Om de tucht te handhaven rekent Prauss op de Zug- en Arbeitsführer Walter Obler en Willy Giersch die aan hun bevoorrechte status gehecht zijn. Vooral Obler is bereid voor Prauss door het vuur te gaan. Wat de nazi's hem hebben aangedaan, heeft hem ontmenselijkt. Hij zit vol gevoelens van verbittering, wrok, haat en agressie. In de ogen van de luitenant is deze duistere krachtpatser, die zo harteloos kan zijn en wiens interressen zo stompzinnig en materialistisch zijn, heel geschikt voor de job van Vorarbeiter.

Obler beult de gedetineerden graag af, terwijl ze over het hobbelige terrein tonnen beton en aarde naar de overkant van de gracht vervoeren om er een dijk mee aan te leggen die het fort aan de nieuwsgierige blikken van de buitenwereld moet onttrekken. Het is hard labeur, zes dagen per week, van acht uur 's morgens tot halfzes in de namiddag, met tussenin een pauze van anderhalf uur. De sterkste is de norm, niet de zwakste. Wie fysiek niet meekan, krijgt het zwaar te verduren.

Neem X, een Italiaanse politieke gevangene. Hij probeert zijn overvolle kruiwagen door het mulle zand voort te duwen, maar op een gegeven moment bezwijkt hij onder de last. 'Ik duld geen werkweigering', snauwt Prauss. De luitenant roept X als een hond bij zich. 'Hiieerr!' De arme sukkelaar verontschuldigt zich. 'Het spijt me, Herr Untersturmführer', stamelt hij, 'ik kan niet meer.' 'Maak dat iemand anders wijs', antwoordt Prauss, 'er is met jou niets te beginnen.' De luitenant, potig en klein van stuk, tilt de Italiaan op alsof hij zo licht als een veertje was, waarop Obler het weerloze slachtoffer begint af te tuigen. De twee mannen storten vervolgens een emmer water over X uit en als hij bijkomt, schudden ze hem nog eens goed door elkaar. Joseph Gerard, een ondernemer uit Elsene die vastzit omdat hij weigerde met de nazi's zaken te doen, blijft sprakeloos staan en speelt even met de gedachte om tussenbeide te komen, maar wat kan hij in zijn eentje beginnen? Plotseling springt de Italiaan tot ieders verrassing in de gracht. 'Dat ontbreekt er nog aan!' brult Prauss, 'het is hier geen zwembad.' Als een gek rent Obler naar het water, trekt de Italiaan eruit en stuurt hem met een draai om de oren opnieuw naar het werk, alsof er niets was gebeurd.

Het voorval gaat van mond tot mond en verontrust Herszl Frydman die elke morgen met een bang hart zijn drie zonen naar het werk ziet vertrekken. Zijn kinderen zijn alles voor hem. Hij kan niet aanzien dat ze elke dag aftakelen en gewicht verliezen. De armen en benen van Jacques, amper zestien, zijn zo dun als staken. Dat kan ook niet anders want hij moet het 's morgens en 's avonds stellen met 125 gram brood en twee koppen smakeloze 'koffie', een extract van geroosterde eikels. 's Middags krijgt hij twee kommen 'magere soep' en 's zondags nog wat vlees en aardappelen. Hauptscharführer Kurt Zimmerman, een geboren Berlijner, die voor de keuken verantwoordelijk is, waakt erover dat het eten zo eerlijk mogelijk verdeeld wordt, maar hij kan alleen geven wat hij ontvangt.

Heel vaag nog, ergens in zijn binnenste, beseft Frydman dat hij voor de commandant iets betekent. Is hij zijn goede jood? Die gedachte geeft hem een gevoel van zelfvertrouwen. 'Neem me niet kwalijk', zegt hij op een dag tegen Schmitt. 'Ik verzuip in het werk. Van overal stromen de bestellingen toe, zelfs van Brussel en Berlijn. En Prauss wil ook een pak.' Hij onderbreekt even zijn betoog. 'Ik heb erover zitten denken, wie me zou kunnen bijspringen. Wat zou u ervan zeggen als mijn zonen me een handje zouden helpen. Ze kennen het vak.' De commandant doet een paar stappen opzij en knikt dan instemmend.

De volgende morgen trekken de vier Frydmans naar het atelier. Hoewel hun dagen drukbezet zijn, maken ze een kostuum voor Prauss. De ogen van de luitenant lichten zelfs even op als hij het past en de kleermakers hem verzekeren dat het hem goed staat.

De journalist

De benauwende schijnnormaliteit wijkt gaandeweg voor schuchter verzet. Op maandag, 11 november waait er een ijzige gure bries. Desondanks tarten enkele duizenden patriotten de bezetter door voorbij het graf van de Onbekende Soldaat te defileren. Zij nemen risico's, maar een innerlijke stem zegt hun dat ze moeten protesteren. De Duitsers die door de demonstratie verrast zijn, reageren nijdig: tien studenten worden opgepakt en naar Breendonk afgevoerd.

Slechtgeluimd als ze zijn, benutten Prauss en Schmitt de eerste de beste misstap – een 'diefstal' van wat margarine – om iedereen te straffen. Met een monotone stem dreunen ze een litanie van bevelen op. Springen! Hurken! Opstaan! Hurken! Opstaan! Robben! De oefeningen volgen elkaar in een hoog tempo op. Elke minuut duurt een eeuwigheid, maar dan blazen de SS'ers opeens de driloefening af.

Het aantal gedetineerden is tot zesenzestig gestegen. Nietjoden en joden hokken in twee kamers samen, wat hun wereld beperkt tot enkele vierkante meters. Iedereen is elkaars gezelschap. Op iedereen wordt gelet. En iedereen ergert zich ook wel eens aan iemand anders. In elke kamer staan twee rijen houten stapelbedden, drie boven elkaar, met een dunne stro-zak en een deken. De ruimte ertussen is zo krap dat er amper twee mannen tegelijk door kunnen lopen. Er is niets afgezien van een lange tafel, wat houten bankjes, een houtkachel en twee pispotten die 's nachts geregeld overlopen.

Op 29 november mogen negen van de tien studenten naar huis. Bijna op hetzelfde ogenblik, terwijl het buiten vriest dat het kraakt, zet de Brusselse Gestapo de 30-jarige Paul Lévy en drie metgezellen in Breendonk af. 'Vier Stücke eingelie-fert', denkt Prauss en hij brengt de Hitlergroet. De woorden die anders zo vlot bij hem komen, blijven in zijn keel steken. Hij maakt vage gebaren in Lévy's richting. Wijst hij naar diens neus? Naar diens weerbarstige haardos? 'Bist du Jude?' 'In uw ogen alvast, maar voor zover ik weet ziet de Belgische overheid dat anders', antwoordt Lévy. Hij legt de nadruk op elk woord en elke lettergreep, alsof hij zijn woede in bedwang moet houden. Prauss verkoopt hem meteen een oorvijg.

Prauss mag Lévy duidelijk niet. De biografische gegevens van de jood staan hem allerminst aan: anti-Duits journalist bij de Belgische radio, lid van de Koninklijke Commissie voor de Statistiek, op 18 september 1940 in Woluwe door de geheime politie in 'Schutzhaft' genomen, herhaalde malen verhoord in het gebouw van de Gestapo aan de Brusselse Louizalaan en nadien in eenzame afzondering opgesloten in de gevangenis van Sint-Gillis.

Lévy wordt kaalgeschoren en door de Duitse legerarts aan een oppervlakkig onderzoek onderworpen. Zijn huid heeft de ziekelijke teint van iemand die nooit de zon ziet en hij oogt als iemand die eerste hulp behoeft, maar de dokter draait er niet omheen. 'Hij is volkomen arbeidsgeschikt', zegt hij tegen de luitenant.

Even later gaat de journalist aan de slag. Hoewel hij niet gewend is aan zware handenarbeid, spant hij zich in om het tempo te volgen. Toch roept de bewaker voortdurend: 'Sneller! Sneller!' 'Ik doe mijn best', repliceert Lévy, wat niet verstandig is, want hij krijgt enkele zweepslagen en vliegt vervolgens in een donkere cel. Pas na drie dagen mag hij, uitgehongerd, weer naar zijn kamer, waar zijn makkers hem proberen op te monteren. 'Er is een pakje voor u', zeggen ze troostend. Op dat ogenblik komt Prauss binnen. 'Er is geen kwestie van', buldert hij. 'Maar trek het je niet aan', voegt hij er luchtig aan toe en hij stopt Lévy een gebakje toe.

Begin december worden joden en niet-joden van elkaar gescheiden. Het aantal joden neemt gestadig toe. Onder de nieuwelingen Jacques Ochs, de directeur van de Luikse Academic, die in het weekblad *Pourquoi Pas?* anti-Duitse tekeningen publiceerde. Het toeval wil dat Ochs op de feestdag van Sinterklaas in het fort arriveert. Zijn registratienummer is 56. Een andere nieuwkomer, de socialistische journalist Julius Berger, strandde in 1938 in Brussel, na de 'Anschluss' van Oostenrijk bij het Derde Rijk. Omdat hij zijn hotelrekening niet kon betalen werd hij voor 'oplichting' veroordeeld en in de gevangenis van Leuven opgesloten. Vandaar bracht de Gestapo hem naar Breendonk over. Berger voldoet vrijwel aan alle stereotiepen: dun, zwart haar, bruine teint, donkerbruine ogen, joodse neus.

Ochs en Berger belanden in de 'joodse kamer', waar ze onder de plak zitten van Walter Obler en Sally Lewin, een Duitse jood van voor in de veertig. De twee Zugführer staan bekend om hun hardheid. Ze hebben altijd gelijk en slaan er lustig op los. Dus kun je maar beter je mond houden en alles gelaten ondergaan.

Berger besluit iets aan de situatie te doen en rechtuit te zeggen wat hij op zijn lever heeft. 'Het nazisme is een misdadig systeem', begint hij. 'De SS'ers vernederen ons dag in dag uit. Ze verachten en beschimpen ons als minderwaardige schepselen, maar ik laat me niet kisten.' Men kan een speld in de kamer horen vallen. Iedereen luistert met ingehouden adem. Obler werpt Berger vijandige blikken toe, maar die weet van geen ophouden. 'Wij mogen ons niet op onze kop laten zitten. Geloof me, vroeg of laat, als de bevrijding een feit is, zullen we om rekenschap vragen aan onze beulen.' Er weerklinkt een instemmend gemompel. Voor Obler is de maat vol. 'Zwijg', roept hij. 'Wat denk je wel?' Even vreest de journalist het ergste, maar de Zugführer houdt zich verder koest. Dat moedigt Berger alleen maar aan en niet lang daarna zegt hij tegen de kampcommandant: 'Het eten hier zou je nog niet aan een hond voorzetten. We blijven er amper door in leven!' Geërgerd trekt Schmitt zijn revolver en dwingt Berger zijn graf te delven, maar na een poosje gromt hij: 'Toe, maak nu maar dat je wegkomt! Als je je les nu nog niet hebt geleerd, leer je ze nooit.'

Gelukkig is er Kerstmis om de stemming van de kampcommandant wat te verzachten. Berger en zijn metgezellen moeten een bijdrage leveren voor een 'kerstdiner'. Met dat geld doet Schmitt in Brussel inkopen. Hij komt terug met een aanzienlijke hoeveelheid fruit, drank en eetwaren. De gevangenen brengen een rustige kerst door. In de kamers worden dennentakken opgehangen, enkele kaarsen aangestoken en wordt 'Heilige Nacht' geneuried.

De Duitsers, van hun kant, vieren Kerstmis in de kantine. Ze lachen en brallen en halen herinneringen op. De stemming zit er bij hen goed in. Er wordt de hele nacht stevig gedronken. Enkele bewakers zijn zo zat dat ze niet meer weten wat ze doen. Middenin de nacht schieten ze plots in de donkere gangen hun revolvers leeg. De gevangenen schrikken wakker van het kabaal. Het feest van de vrede zit erop.

DEEL TWEE | 1941

'Zichzelf moeten tekortdoen, het eigen rantsoen voor de varkens.'

DE SCHILDER

Begin 1941 wisselen sneeuw, dooi en regen elkaar af. De Duitse euforie is wat afgenomen. Hitler krijgt Groot-Brittannië niet zomaar op de knieën en Italië gaat het in Griekenland ook niet zo makkelijk af. In België maken berusting en vertwijfeling plaats voor groeiend protest tegen de slecht georganiseerde ravitaillering. Banden van Duitse voertuigen doorsteken, het V-overwinningsteken maken met wijs- en middenvinger, ruiten van de Kommandaturen ingooien. Het zijn allemaal kleine, maar betekenisvolle verzetsdaden. Maar de plezierigste is suiker in de benzinetank van Duitse legervoertuigen strooien.

Uit voorzorg voert het Militaire Bestuur de Sicherheitshaft in, waardoor de SS-politie voortaan preventief personen op mag sluiten die de openbare orde of de veiligheid van het Rijk kunnen bedreigen. De bezetter tracht ook burgemeesters, schepenen en gemeentesecretarissen door gezagsgetrouwe collaborateurs te vervangen.

Zaterdag, 1 februari beleeft Willebroek een zwarte dag. Burgemeester Gaston Fromont, bijna zestig jaar, en gemeentesecretaris Albert Van Roy worden opgehaald en in het fort opgesloten. Voor Van Roy is dit dubbel pijnlijk want hij woont om de hoek, op de Tisseltsesteenweg.

Dezelfde dag, omstreeks zes uur in de namiddag, stopt een vrachtwagen voor het café van Frans Schelkens in de Kapelstraat te Duffel. Aan de muur van het duivenmelkerslokaal hangen foto's van kampioensduiven en van bekende wielrenners, vastgeprikt met punaises. Om de winter door te komen, heeft de caféhouder een voorraad graan in de danszaal opgeslagen. Heeft iemand hem verklikt? Twee Feldgendarmen stevenen recht op de toog af. 'Ben jij Schelkens?' vragen ze. Frans knikt bezorgd, terwijl hij wacht tot ze verder zullen gaan. 'Wil je met ons meekomen?' Schelkens krijgt niet eens de tijd om zijn gelda te sluiten. Vier handen grijpen hem vast en duwen hem in de vrachtwagen. Even later ziet hij het fort als een gore vlek in de schemering opdoemen. Boven de stalen poort wappert de nazivlag. 'We zijn er', zegt de chauffeur. 'Stap maar uit.'

De volgende morgen, om acht uur, worden Schelkens, Van Roy en Fromont aan het werk gezet. Ze moeten met de kruiwagen zand vervoeren. Bergop, bergaf. Het is een rotweer. Grote, natte vlokken sneeuw dwarrelen neer. In een oogwenk is de omgeving bedekt met een wit tapijt. Schelkens bevriest in zijn klamme legerjas en zet zijn voeten voorzichtig neer om niet uit te glijden. Te voorzichtig naar de zin van de Wehrmachtsoldaten, die de 'lummelaar' met enkele klappen tot grotere ijver aanporren. In de namiddag moet de cafébaas sneeuw ruimen, waarna hij voor straf plat op de buik moet gaan liggen. De zwaargebouwde Schelkens steekt boven de rest van het gezelschap uit zodat de bewakers hem ervan verdenken dat hij komedie speelt.

Triviale, alledaagse dingen zoals het luiden van de kerkklokken doen Schelkens en de Willebroekenaars mijmeren over het grillige lot waardoor ze opgesloten zitten op een steenworp afstand van hun huis. Secretaris Van Roy kan zijn woning vanuit het fort zien liggen. Hij stelt zich voor hoe hij de deur zal openen met hetzelfde gebaar als waarmee hij haar bij zijn arrestatie heeft dichtgetrokken. Op sommige momenten is het heimwee zo sterk dat Van Roy er zich een beetje voor schaamt.

Jacques Ochs, de directeur van de Luikse academie, raakte tijdens de Eerste Wereldoorlog als piloot gewond. Sindsdien hinkt hij. Ochs moet houtblokken aan stukken hakken, stenen verbrijzelen of meehelpen in de smidse, een open hangar, aan alle kanten aan de wind blootgesteld, waar Kurt Adler, een type dat graag politieke gevangenen pest en kleineert, het voor het zeggen heeft.

Op een gegeven moment roept de luitenant Ochs bij zich. Hij moet met hem mee naar het kantoor van Schmitt. Misschien kom ik vrij, denkt Ochs hoopvol. 'Herein', roept een lijzige stem. Prauss opent de deur en werpt Schmitt een blik vol verstandhouding toe. Ochs blijft op de drempel staan en mompelt: 'Nummer 56 meldet sich zur Stelle.' De majoor slaat de ogen op en monstert de bezoeker terwijl hij met zijn vingers op het bureau trommelt.

'Wel', vraagt Prauss aan Ochs, 'je schildert, is 't niet?' Ochs knikt: 'Laten we zeggen: ik doe aan schilderen.' 'Ah juist. Je bent dus een artiest uit liefhebberij', concludeert Prauss. Hij wacht even en zegt dan: 'Je moet een portret van de majoor maken. Hier heb je potlood en papier.' Ochs is te verbluft om een woord uit te brengen. Een zesde zintuig zegt hem dat hij kalm moet blijven, maar hij krijgt zijn gedachten niet op een rij. Met enkele snelle pennentrekken tekent hij Schmitt die zelfingenomen poseert en nauwelijks aandacht heeft voor de schilder, zozeer is hij vervuld van zichzelf.

Ochs weet niet waar hij het heeft. Terwijl Prauss hem op de handen kijkt zet Ochs met bonzend hart de lijnen op papier. Het resultaat mag er zijn. Ochs bergt zijn pen weg, zet zijn handtekening onder het portret en overhandigt het aan de luitenant. Die bekijkt het met een blik die kennelijk als joviaal bedoeld is. Het is de eerste keer dat hij toont een mens te zijn, denkt Ochs. Hij draait zich snel om, salueert en loopt opgelucht de kamer uit. 'Je mag, als je wil, nog tekenen', roept Schmitt hem achterna.

Het is een komen en gaan van gevangenen. Op 4 februari om elf uur 's morgens, arriveren Nathan Julius, een joodse componist uit Bazel en Ernest Landau, een Oostenrijkse journalist die voor het Belgische verzet werkt. Als 'staatsgevaarlijk element' krijgt Landau meteen het rode vierkantje van politieke gevangene opgenaaid.

Prauss en Obler stappen op hem toe en halen uit. De journalist wankelt, verliest het evenwicht en kwakt op de grond, waarbij zijn bril in scherven valt. 'Stop hem maar in een kleine cel', zegt de luitenant. Dagenlang ligt Landau in een ruimte van anderhalve vierkante meter, zonder bed, stromend water of daglicht. Hij ziet verschrikkelijk af, alsof iemand gesmolten lood in zijn longen gegoten heeft.

In zijn binnenste is Prauss ervan overtuigd dat de Oostenrijker een vogel voor de kat is. 'Teken hem maar voor het met hem afgelopen is', zegt hij tegen Ochs. De Luikenaar realiseert zich dat hij niet aan de verplichting kan ontkomen. Hij trekt zijn bloknoot naar zich toe, neemt een pen en tekent Landau, bedroefd en vertwijfeld. Vervolgens scheurt hij het blad eruit en geeft het aan Prauss die knikt en verdwijnt.

De componist

Het koude winterweer houdt in februari aan. 's Nachts vriest het en overdag waait er een koude, scherpe wind over het bouwterrein. De ploegen gaan al 's morgens om acht uur aan het werk onder leiding van de voormannen Obler en Hiersch. Door de regen en de sneeuw is het terrein in een modderpoel herschapen. Overal hebben zich plassen gevormd en de blubber zuigt zich vast aan de schoenen. De gevangenen vervoeren zand en puin vijfhonderd meter ver naar de overkant van de gracht. Als de kruiwagen leeg is moeten ze in looppas terug. Het is één wanhopige groep drijfnatte, verkleumde stakkers, die met hun gemillimeterde haar en ongeschoren gezichten op landlopers lijken.

Vooral 'joodse activisten', zoals Landau en Berger, komen er niet makkelijk af. Als de opzichters een van hen in elkaar slaan, bespotten of bedreigen, heeft die 'pech' gehad. Zelfs de oude astmalijder Julius Nathan mishandelen ze tot bloedens toe. Twee weken na zijn aankomst is hij een levend lijk.

19 februari is een dag met een zware, vochtige sneeuwlucht. Zo'n dag waarop niets gebeurt. En toch. Het ochtendappèl verloopt strikt volgens het protocol. Er is één nieuwkomer: Pierre Goube, de rector van het Katholieke Instituut voor Kunsten en Ambachten in het Noord-Franse Lille. Niemand herkent de priester in z'n versleten soldatenplunje. 'Revierkranken heraus', roept Prauss. 'Is er iemand ziek?' De oude Nathan meldt zich, angstig en bibberend van de kou. 'Je mankeert niets', zegt Prauss. 'Je bent maar ziek als je bij mij komt met je hoofd onder je arm.'

Nathan loopt struikelend naar het werk, waar de Willebroekenaar Jan Bogaerts expres diens kruiwagen maar half vol schept. Prauss heeft het echter door, verkoopt Bogaerts een paar meppen en verplicht hem ertoe Nathans kruiwagen extra zwaar te laden. De oude jood raakt helemaal niet meer vooruit en voelt alle krachten uit zijn lichaam wegvloeien. De opzichters roepen de vreselijkste dingen, maar de scheldwoorden lijken hem niet meer te raken. Obler en Prauss betrappen hem als hij probeert in de gang op adem te komen.

Samen beginnen ze 'heel rustig' op Nathan in te slaan, tot zwellingen en geronnen bloed zijn ogen onzichtbaar maken en hij ten slotte als een blok neerzijgt. Dan slepen ze de ongelukkige naar een vertrek vooraan in de gang, waar hij enkele uren later overlijdt.

De kampcommandant knijpt de ogen dicht. Hij vindt het kennelijk allemaal niet zo erg. Alleen ergert het hem dat het 'sterfgeval' zo snel uitlekt. Om halfzes in de namiddag doet het verhaal al de ronde in Londerzeel, waar de SS-smid Karel Carleer en ander personeel van aannemer Pas wonen. Zij zijn op dat ogenblik nog aan het werk, zodat Schmitt de soldaten van de Wehrmacht van loslippigheid verdenkt. Ontstemd laat de commandant meteen een nota verspreiden waarin hij op absoluut stilzwijgen aandringt. 'Niemand mag iets loslaten over wat er in het fort voorvalt', waarschuwt hij.

In het duister, liggend op hun bed, moeten de kampbewoners 's avonds aan Prauss' woorden denken: 'Waar denk je dat je bent, in een toeristisch centrum?' Terwijl ze zwijgend voor zich uitstaren, begint de volle betekenis ervan langzaam maar zeker tot hen door te dringen. Na de eerste schrik komen de vragen. Waarom moest Nathan dood? Hoe heeft hij zijn laatste uren doorstaan? Hadden we niets kunnen doen om dit te voorkomen? De vragen blijven onbeantwoord.

Op 3 maart wordt Adolf Singer, een Oostenrijkse dokter, vanuit de Antwerpse gevangenis naar Breendonk overgebracht. Het is een licht kalende man van middelbare leeftijd die brilt. Hij moet onder leiding van de Duitse militaire verpleger in de armzalige ziekenzaal werken, waar zo'n zes ernstig zieken in het schemerdonker liggen. Ze worden steeds zieker, rochelen en hoesten constant, maar de verpleger – een ongeschoolde vakman – weet niet wat hen precies mankeert. Singer doet wat hij kan, maar dat levert niet veel op want hij heeft nauwe-lijks medicijnen, op wat aspirines en kinine na.

De medische dienst is een lachertje. Meestal komen de zieken niet eens bij Singer terecht, want Prauss bepaalt of iemand wordt doorgestuurd en als hij een gedetineerde vraagt of hij in staat is om te werken, durft die niet rechtuit te spreken uit angst voor represailles. Singer slaat alarm over de zorgelijke fysieke toestand van Sascha Frenkel, een Poolse vluchteling met een stoffenwinkeltje in Antwerpen die na zijn arrestatie een week in een isoleercel belandt. Adequate medische hulp krijgt hij echter niet. Ook Julius Berger is er erg aan toe. Hij krijgt bij het minste geringste klappen omdat hij zijn afkeer voor het nazisme niet onder stoelen of banken steekt. Binnen de kortste keren wordt de voormalige Oostenrijkse journalist, eens een fiere intellectueel, gereduceerd tot een zielig, ver-minkt hoopje mens dat vergaat van de honger en bedelt om wat brood of water bij zijn Zugführer Obler en Lewin, die zich in zijn bijzijn volproppen en weigeren iets met hem te delen.

Op een keer klautert Berger, half gek van de honger, midden-in de nacht uit bed om wat proviand van een medegevangene weg te nemen. 'Wat doe je toch?' gromt die. 'Blijf eens van mijn brood af.' 'Huh?' zegt Berger alsof hij er niets van begrijpt. 'Blijf eens van mijn brood af', herhaalt de ander. Hij heeft alle begrip voor Bergers toestand, maar hij wil niet dat iemand aan zijn brood zit. Als Berger het stuk brood niet wil teruggeven, pakt hij hem bij de pols beet en trekt hem bijna de arm uit. Berger reageert niet. Hij staart alleen maar wezenloos voor zich uit.

In ruil voor een homp brood krijgen de SS'ers Berger zo ver dat hij danst en huppelt als een clown. Wat moeten de SS'ers lachen! Ze blijven er bijna in. Als ze uitgelachen zijn, zegt er een: 'Dat is nog eens een goeie! Die zal ik niet gauw vergeten.' En ook het vervolg vinden ze lollig. Berger kan de verleiding niet weerstaan om het brood ineens naar binnen te schrokken, zodat alles er die nacht weer uitkomt en hij de volgende morgen totaal verzwakt en geestelijk gebroken op het werk verschijnt.

Sacha Frenkel komt er maar niet bovenop. Zijn ingevallen wangen en koortsige ogen zijn de symptomen van een longontsteking die al dagenlang aan zijn lichaam vreet. Nu het te laat is, pleit Obler voor opname in de ziekenzaal, maar daarvan wil Schmitt niets weten. Op 6 maart sterft de Pool, amper 43 jaar oud. De Mechelse garnizoenarts Hans Köchling stelt de volgende dag de dood vast en stuurt een overlijdensakte naar de gemeente Breendonk. Daarop vermeldt hij als officiële doodsoorzaak: 'Bronchopneumonie en hartverzwakking.'

Kort daarna arriveren Jozef Peraer en Ludwig Weill in het kamp. De eerste, uitgever van het clandestiene verzetsblaadje *Richting*, heeft in Mechelen een deel van de bevolkingsregisters vernietigd om te voorkomen dat de Duitsers enkele patriotten zouden aanhouden. De tweede is een 34-jarige Duitse correspondent van het persbureau Reuter die eerst in Bordeaux en later in Breslau vast heeft gezeten. Ze worden meteen met een onvermoede werkelijkheid geconfronteerd. Peraer ontmoet in zijn kamer een oude vriend, René Dillen, de secretaris van de Vlaamse Communistische Jeugd. Hij kan zijn ogen niet geloven. Dillen, ooit een atleet, ziet er nu ten minste vijftien tot twintig jaar ouder uit. Hij heeft grijs haar, trilt voortdurend en loopt heel moeizaam. Hoe hard Peraer ook zijn best doet om zijn makker op te monteren en door de moeilijke tijd heen te trekken, Dillen blijft toch achteruitgaan.

Het leven neemt meer dan het geeft. Dat geldt zowel voor Dillen als voor Berger. Ze zijn zogoed als alles kwijt: hun vrijheid, hun gezondheid en, wat misschien nog erger is, hun onbevangenheid.

Op 9 april, twee dagen voor Goede Vrijdag, moet Berger met de kruiwagen zand vervoeren. De slechtgeluimde bewakers zitten hem voortdurend op de huid en geven hem de schuld van alles wat misgaat. Na enkele uren kan Berger nog maar met moeite de ene voet voor de andere zetten. Plotseling slaakt hij een rauwe kreet. De jood wil in de gracht springen, maar Van Roy, de gemeentesecretaris van Willebroek, kan hem nog op het nippertje tegenhouden. 'Wat bezielt die pummel?' roept Prauss kwaad uit. Daarop werpt Berger zich alsnog in het ondiepe water. Zelfdoding kan echter niet in een nazi-kamp, waar alleen de SS uitmaakt of iemand al dan niet in leven mag blijven. Prauss rent naar de gracht en vist Berger uit het water, verkoopt hem een paar klappen en verplicht hem ertoe urenlang in de tochtige gang te blijven staan om zich te laten drogen. Vervolgens sleept de SS'er Berger, die meer dood dan levend is, naar het cachot, waar hij kort daarop overlijdt. Prauss zit er niet mee. 'Je kleine vriend Julius draagt nu vleugeltjes. Hij is in het paradijs en bidt er voor jou', zegt hij schertsend tegen Obler.

Volgens de legerarts Hans Köchling gaat het alweer om 'een natuurlijke dood'. De gevangenen weten wel beter. Met een schok beseffen ze dat er in het kamp geen normen zijn, geen rede heerst. Alles is agressie, alles is willekeur. Wie vandaag toeschouwer is, kan morgen heel goed slachtoffer zijn.

Alsof april nog niet deprimerend genoeg is, valt Duitsland ook nog Joegoslavië binnen en trekken de Engelsen zich langzaam uit Griekenland terug. Intussen gaan de bombardementen op Londen dag in, dag uit verder. In Breendonk zijn de SS'ers ervan overtuigd dat de oorlog hooguit binnen een jaar afgelopen zal zijn. Ze wanen zich onoverwinnelijk en naaien triomfantelijk de letter V op de rug van de jas van Robert Parkinson, de enige Britse gevangene in het kamp.

DE ZWIJNENHOEDER

De Mechelse verzetsman Jozef Peraer maakt surrealistische taferelen mee. Bij een ochtendappèl roepen de SS'ers een jongen uit het nabijgelegen Rumst op het matje. Ze verdenken hem ervan dat hij met een gestolen pistool een overval op de 'Banque de la Dyle' heeft gepleegd. De verdachte draaide daarvoor de bak in, maar hij slaagde erin te ontsnappen door een Wehrmachtsoldaat te ontwapenen. Obler tuigt de jongen af tot hij niet meer op zijn benen kan staan. Voor de grap wrijft hij ten slotte nog wat azijn in de wonden 'om ze te reinigen'.

Op een andere keer wordt een zekere Kennis, een kleine smokkelaar uit de streek van Lier, op vrije voeten gesteld. Bij het afscheid moet hij een verplichting van geheimhouding ondertekenen. 'Denk aan je belofte', waarschuwen de SS'ers. 'Spreek met niemand over wat je hier gezien hebt.' 'Ik houd altijd mijn woord', antwoordt Kennis. Eenmaal thuis praat de smokkelaar toch z'n mond voorbij als hij enkele familieleden van gevangenen bezoekt. Erger is dat hij van die gelegenheid misbruik maakt om hun wat geld af te troggelen. Het voorval gaat over de tongen in de dorpen. De een zegt dit, de ander dat. Van een mug wordt een olifant gemaakt. Algauw weet ook Prauss wat er gebeurd is. 'Ik zorg er wel voor dat die oplichter wordt opgepakt en dan doe je met hem wat je wilt', zegt hij tegen de gedetineerden.

Enkele dagen later gaat de deur van Peraers kamer open en Wehrmachtsoldaten duwen Kennis naar binnen. 'Ga gerust jullie gang', gebaren ze. Meer is niet nodig om enkele gevangenen te doen ontploffen. 'Vuile smerige afzetter!' schreeuwen ze, terwijl ze zich op de stakker storten. Kennis gaat op zijn hurken zitten en maakt een bol van zichzelf om zich tegen de slagen en schoppen te beschermen. Hij kermt van de pijn. 'Stop, godverdomme', roept Peraer. 'Al deze ellende is de schuld van de Duitsers.' Maar wat de Mechelaar ook probeert om de vechtersbazen tot bedaren te brengen, het helpt niet. Prauss' opzet – tweedracht zaaien – is gelukt. Met gespeelde goedhartigheid ontfermt hij zich daarna over het slachtoffer, dat het beste eten krijgt dat het zich maar kan wensen. Helaas, Kennis kan niet meer terug en het duurt niet lang of hij ontpopt zich als een verklikker en willoos werktuig van de SS.

De luitenant pakt dus een onbeduidend smokkelaartje hard aan, maar Obler, een echte afzetter bij wie alles om geld draait, laat hij rustig begaan. De Vorarbeiter, dat is nog eens een hebberige gast! 'Je weet toch dat ik je een minder zware job kan geven', zegt hij tegen Louis Spanbock uit Elsene die, net als iedereen, probeert te overleven. 'Maar ja, niets voor niets. Zo'n succesvolle zakenman als jij begrijpt dat wel', grijnst hij. Spanbock is ten einde raad en neemt met tegenzin Oblers aanbod aan. Zodoende komt Maria Skamene, Oblers vrouw, wekelijks de 'vergoeding' opstrijken. Alles bij elkaar geeft de echtgenote van Spanbock een paar honderdduizend franken en een gouden ketting. Dat weerhoudt Obler er nochtans niet van de voedselpakketten van Spanbock verder leeg te plunderen en de zakenman krijgt ook geen lichtere job, integendeel. Na een tijd heeft Spanbock door dat Obler hem te slim af is. Er rest hem niets anders dan betere tijden af te wachten, want het heeft geen zin erover bij de kampleider te gaan reclameren.

Commandant Schmitt is erg op orde en tucht gesteld, maar feestjes in de kantine slaat hij zelden af. De SS'ers tappen dan moppen, zingen uit volle borst hun lievelingsliederen en klagen over het feit dat het keukenpersoneel te veel eten aan de gevangenen 'verspilt', ook al moeten die het doen met een armzalig dieet van duizend tot vijftienhonderd calorieën: 's ochtends een kop koffie (water en gebrande eikels), 's middags soep (warm water met soms wat schaarse groenten), 's avonds opnieuw 'koffie' en een stuk Wehrmachtsbrood. Sommige gevangenen overleven nog net, hoe kan het anders, dankzij de pakketten die ze van hun familie ontvangen.

Op een middag in april weerklinkt een schel fluitsignaal. De bewakers roepen: 'Feierabend! Antreten!' Doodop, maar opgelucht spoeden de gevangenen zich naar de binnenplaats. Ze spoelen hun bemodderde schoenen af, knopen hun uniform dicht en stellen zich op in rijen van drie. Onberispelijk, strikt volgens de regels. De gevangenen wachten tevergeefs op het gebruikelijke 'Inrukken!' In plaats daarvan zien ze de onderofficier treuzelen. Als het geluid van met ijzer beslagen laarzen weerklinkt, is er geen twijfel meer mogelijk: de kampcommandant komt eraan.

Bijna onbewogen overziet Schmitt de uitgemergelde schepselen, die allen tegelijk hun kaalgeschoren hoofden in zijn richting keren. Zijn ogen staan hard en raadselachtig en zijn hoekige jukbeenderen accentueren zijn bleke wangen. 'Häftlinge', steekt hij van wal, 'het is voortaan verboden voedselpakketten te ontvangen. We hebben briefjes aangetroffen in doorgesneden broden, geld in een potje confituur, tabak in de dubbele bodem van een blikken doos. En we kennen, van de eerste tot de laatste, de twaalf gevangenen die gerookt hebben.'

Er sluipt een gevoel van onrust in de groep als de commandant 'de schuldigen' sommeert tegen de muur te gaan staan. Zeven gevangenen treden aarzelend naar voren. 'Waar blijven de andere?' snauwt Schmitt. Nog twee mannen lopen naar de muur. De andere mannen wachten af. Zich tot de dienstdoende onderofficier wendend vervolgt de kampleider: 'Al goed. Geef me eens de naam van drie luiaards.' Een minuut later heeft hij zijn twaalf 'schuldigen'. Ze moeten met gestrekte armen een zwaar pikhouweel voor zich uit houden en vervolgens neerhurken en overeind komen tot ze er één na één bij neervallen.

Nu de voedselpakketten zijn afgeschaft valt iedereen zienderogen af – sommigen zelfs vijftien kilo per maand – en heeft iedereen nog maar één gedachte: zijn maag vullen. Om te overleven moet je geluk hebben. Israel Steinberg, een dertiger met de fletse huid van een zware roker, kan ervan meespreken. In oktober 1940 zat de kleine gauwdief nog in Merksplas in afwachting van zijn uitwijzing. Nu hebben de ss'ers hem uitgekozen om voor hun varkens te zorgen. Tussen twee haakjes: Steinberg lust geen varkensvlees. De beesten komen niets te kort, dat moet men Schmitt nageven. Er is water en voer in overvloed en de stallen, die zich vlak bij de smidse bevinden, zijn allesbehalve krap, zodat de varkens er languit in kunnen gaan liggen en er zelfs een beetje in kunnen rondlopen. Ze hebben dan ook geen last van pootontstekingen, vergroeide ruggen of ademhalingsproblemen. De joodse 'Schweinemeister' geniet ervan als de zwijnen aan hun bieten en aardappelen liggen te knabbelen. Hij gaat er dan gewoon op een houten kist bij zitten, want ze laten altijd wel iets voor hem over.
Als Schmitt met zijn hond door het kamp wandelt, blijft iedereen wel een eind uit de buurt alsof de commandant een bordje heeft neergezet: 'Pas op voor de hond.' Het verhaal gaat dat de herder enkele gevangenen gebeten heeft. Dat maakt hen zo bang dat ze'm smeren. Schmitt is dol op zijn herder. Lump, zo

heet hij, was zes maanden oud toen hij hem in december 1940 van een Antwerpse dokter cadeau kreeg. Hij heeft hem persoonlijk afgericht. Valt hij mensen aan? Dat hangt van zijn baas af. Is Lump een Mechelse of een Duitse herder? De gevangenen houden het erop dat het een Duitse herder is.

DE FOTOGRAAF

Jacob Kiper, een joodse hoedenmaker uit Brussel, brengt de nacht van 10 op 11 juni in een strafcel door. 's Morgens zegt hij tegen Fromont, de burgemeester van Willebroek: 'Zoiets wil ik nooit meer beleven.' Meer vertelt hij niet. Hij verwacht klaarblijkelijk niets meer van de dag van morgen, althans niets positiefs en zinvols. Vijf maanden heeft Kiper erop zitten. Er is iets in hem geknapt. Hij heeft er genoeg van en maakt er op woensdag, 11 juni, een eind aan.

Er kruipt een huivering van angst door de joodse kamer, waarin kleine handelaars, kleermakers en diamantarbeiders een mengelmoes van talen, van Russisch tot Jiddisch, spreken. Velen werden in Antwerpen tijdens een of andere razzia opgepakt. Isaac Neumann bijvoorbeeld, achter wiens naam kampnummer 22 vermeld staat. Hij werd aangehouden in de omgeving van het Centraal Station, waar hij speelgoed en kleine rommel verkocht om een cent bij te verdienen. De kromgegroeide dwerg is verstandelijk gehandicapt en zijn puntige gezicht met de lange neus is doorgroefd, versleten. Met zijn veel te ruime jas en oude, afzakkende broek is hij in de ogen van de nazi's het prototype van de joodse Untermensch.

Als de ploegen in looppas naar het werk trekken, bungelt Neumann met zijn veel te korte beentjes gewoonlijk in de achterste gelederen. Keer op keer moet hij vechten om de anderen bij te houden. Meestal is zijn inzet tevergeefs en trakteert Obler hem op venijnige schoppen. De Vorarbeiter demonstreert zo graag zijn kracht dat hij zelfs op een keer Neumann, die niet eens tot aan zijn borst reikt, in zijn kraag grijpt en als een lappenpop omhoog gooit.

'Doe mij een genoegen en portretteer Neumann', zegt Schmitt tegen Ochs. De arme directeur van de Luikse academie staart hem geschrokken aan. 'Neumann?' De commandant knikt. 'Wat heb je daar nu aan?' oppert Ochs. Het komt er spontaan uit, maar hij had die vraag natuurlijk niet mogen stellen. 'Ik veronderstel dat je toch weet wie hier de baas is', reageert Schmitt nijdig. Schoorvoetend gaat Ochs aan de slag en bij wijze van stille weerwraak, beeldt hij het absurde lot van Neumann tot in de gruwelijkste details uit.

Zijn 'verwezenlijkingen' laat Schmitt vastleggen door Otto Kroph van de 612ste propagandacompagnie. Op vrijdag, 13 juni, een drukkend hete dag, maakt de Berlijner Kroph eerst foto's aan de noordoostelijke kant van het fort, waar joden onder toezicht van Obler kruiwagens met zand vullen en die vervolgens over een verharde weg vol gaten en kuilen naar de waterkant duwen. Als men Kroph mag geloven, is er geen vuiltje aan de lucht en werken de dwangarbeiders aan een nieuwe toekomst van het zegevierende Duitsland. Kroph mijdt dan ook minder leuke plaatsen zoals slaapzalen, cellen of het lijkenhuisje. Hij verkiest naar de westelijke binnenplaats te gaan om er Schmitt te fotograferen die met Lump aan het stoeien is, waarbij de grote maar lenige vechthond op zijn achterpoten gaat staan en zich uitrekt om zijn glimlachende baas in het gezicht te likken.

Alles lijkt ordelijk en normaal op de sfeerfoto's die Kroph van het appèl maakt. De gevangenen staan kaarsrecht in het gelid in rijen van drie, het gezicht naar de kampleider gekeerd en dragen het verplichte legeruniform met muts. Bewust zoomt Kroph in op enkele joodse profielen: de varkenshoeder Steinberg – het laagste van het laagste – en Oskar Hoffman, een Oostenrijkse vluchteling die in mei 1940 per vergissing als 'Duitser' in het Franse kamp Saint-Cyprien geïnterneerd werd en in Breendonk in de smidse werkt. Van Israel Neumann en Abraham Feldberg neemt Kroph enkele foto's in close-up. Hij lijkt wel een biologieleraar die microben onder een microscoop bestudeert. De Brusselse handelaar Feldberg, de schoenmaker van het kamp, is niet veel groter dan de dwerg Neumann. Kroph laat de twee met een enorme soepketel zeulen, waaronder ze haast bezwijken. Het resultaat is sarcastisch en grotesk.

Daarna is het tijd voor een 'familiefoto' van de SS-gastheren. Zij poseren op de houten loopbrug. Links in het beeld: SS-Untersturmführer Ernst Lais, een geblokte veertiger met snor. Voorts Arthur Prauss, klein en dikbuikig, bijgenaamd 'Popeye'. En ten slotte twee ondergeschikten, Franz Wilms en Walter Müller, die voor de administratie instaan. Op de foto ontbreekt Alfred Hertel, de kettingrokende chauffeur van Schmitt, geliefd bij de gevangenen omdat hij de goede gewoonte heeft zijn sigaren maar half op te roken en de peuken achter te laten. In de namiddag maakt Kroph nog enkele kiekjes van de enorme bouwput. Het is of de zon het oppervlak heeft vervormd tot een harde, grijsachtige korst van steen en aarde. Mensen wriemelen er in de verzengende hitte door elkaar en duwen en trekken met gebogen ruggen kipwagens van meer dan een ton bergop en bergaf over een roestig smalspoor. Het is ronduit moordenaarswerk. Drie gedetineerden dragen een bewusteloze weg. Ook dit tafereel legt Kroph, als didactisch materiaal, op de gevoelige plaat vast.

Wil Schmitt later het fotoalbum als een bedrieglijke prospec-
tus aan zijn oversten voorleggen? Hij heeft in ieder geval de
commandant van het Mechelse garnizoen voor de gelegenheid uitgenodigd. Kroph vereeuwigt de SS'er terwijl hij statig
naast Rittmeister von Marcker loopt, die met zijn gezette lijf
en zijn gezicht vol aders, ongunstig tegen de atletische
Schmitt afsteekt. Met een idyllische foto van de gracht wordt
de reportage afgerond.

Ruim een week later, op zaterdag 21 juni, valt Duitsland de
Sovjet-Unie aan. Drie miljoen Duitse militairen steken de
grens over en een ontzagwekkende krijgsmacht beweegt zich
in oostelijke richting: tanks, pantserwagens, kanonnen en
vrachtwagens.
Dezelfde dag start in België Operatie-'Sonnewende'. Tot nu
toe heeft de communistische partij relatief weinig onder de
repressie te lijden gehad. Nu organiseert de gehcime Duitse
politie de ene razzia na de andere om de partij voorgoed te ont-
mantelen. Een weeklang valt de Gestapo overal binnen. Een
paar honderd mensen worden opgepakt en met tientallen tegelijk in Breendonk aangevoerd. Onder hen enkele communistische prominenten zoals de advocaten Jean Fonteyne en Bob
Claessens. Voor de rest zijn het vooral gewone leden en sympathisanten. Ze worden onophoudelijk geslagen door SS'ers en
jonge soldaten, die een haag vormen, waar de nieuwelingen
maar net tussendoor kunnen lopen. Daarna moeten ze urenlang op de binnenplaats blijven staan, in de brandende zon,
met de neus tegen de muur. Ook zo'n dertig Russische banne-
lingen uit Brussel en Antwerpen worden binnengebracht.
Hoewel ze destijds voor het communisme zijn gevlucht, worden ze nu tot 'staatsvijanden' verklaard. De journalist Boris
Solonevitch en zijn metgezellen komen in kamer 8 terecht.

De kameroverste is een vriendelijke man met een ietwat weemoedige blik. Aan de plooien bij zijn mondhoeken is te zien dat hij vroeger vaak lachte. Hij nodigt de Russen uit om rond de houten tafel plaats te nemen. 'Beste vrienden, ik ben een gevangene zoals u', zegt hij. 'Ik ben uw Zugführer en moet u de reglementen uitleggen. U bent hier geheel op uzelf aangewezen. Tracht u zo goed mogelijk aan de gewoonten aan te passen. Ik zeg het voor uw bestwil.' Onwennig wiebelt hij op de rand van het bankje. Hij wijst naar zijn vriend die zwijgend in de hoek zit en vervolgt: 'Onlangs hebben de Duitsers ons in Mechelen als gijzelaars opgepakt om de dood van een Duitse militair te wreken. We zijn, net als u, eerlijke mensen, geen bandieten. Brieven, pakjes en bezoeken zijn taboe. Ik raad u aan uw nummer in het Duits te onthouden, want we zijn geen mensen, maar alleen nummers.'

De Zugführer wordt herhaaldelijk onderbroken. 'Dat kun je niet menen. We zijn per vergissing gearresteerd', zegt een van de Russen. 'We moeten iets doen', stelt een andere voor. De Zugführer schudt het hoofd. 'Luister nu eens, misschien haalt een actie wel iets uit in Hoei of Sint-Gillis, maar hier dient ze tot niets. Dat zult u gauw genoeg merken.' Een derde vraagt: 'Hoe kunnen we in die omstandigheden nog rustig slapen?' 'Ach, morgen komt er weer een dag', antwoordt de Zugführer minzaam. Er klinkt noch woede noch spot in zijn stem door, alleen berusting. Zijn naam is Oscar Vankesbeeck. Hij is advocaat en liberale schepen van de stad Mechelen. Zijn vriend, Desire Bouchery, was in 1936 minister van PTT voor de Belgische Werkliedenpartij.

DE SÄNGERKNABE

Het staat al lang vast dat zowel Jozef Stacherski als de 25-jarige Swirski kansloos zijn. De twee Poolse joden bewegen zich voort als schimmen met ogen die als het ware naar binnen kijken en elk ogenblik uit hun kassen lijken te springen. De vrome Swirski – de 'Sängerknabe' wordt hij liefkozend genoemd vanwege zijn prachtige stem – bidt iedere morgen, waardoor hij vaak het schamele ontbijt misloopt. Hij is naïef en onhandig als een kind en krijgt meer slaag dan eten. Omdat hij op het werk niet meer meekan, wordt hij door Lewin, zijn kameroverste, onophoudelijk voor nietsnut en komediant uitgemaakt.

Op zondag, 29 juni, een snikhete dag, arriveert Frans Fischer. De socialistische volksvertegenwoordiger wordt naar de kapper gejaagd, een norse man die de tondeuse hanteert alsof hij schapen scheert. Vier, vijf halen en de kapper veegt Fischers kale schedel af met een stuk keukenrol. Fischer, die het nummer 196 krijgt, wordt in kamer 7 gedropt. Hij waant zich in Dantes Goddelijke Komedie: 'Laat varen alle hoop, jij die hier binnentreedt.' Dantes meesterwerk vangt namelijk in de hel aan. En vreemd genoeg is zondag, 29 juni, een hel voor de gevangenen. Eerst bezwijkt Jozef Stacherski en daarna wordt Swirski door Lewin zo ruw toegetakeld dat hij in de ziekenzaal in het bijzijn van zijn oudere broer overlijdt.

's Avonds, in het donker, leeft iedereen in kamer 7 een beetje langs elkaar heen. Dat komt de vrijzinnige Fischer goed gelegen omdat hij eens rustig wil filosoferen met Pierre Goube, een jonge, Franse priester. Beiden zitten als samenzweerders tegenover elkaar. 'Als ik al die wreedheden zie, vraag ik me wel af: waar is God nu?' mompelt Fischer. Goube, een gecultiveerde en breeddenkende man, antwoordt peinzend: 'God kan er niets aan doen dat we hier creperen. Hij pleegt geen moorden.' Fischer dringt aan: 'Het geloof zegt dat elk mens een beeld van God vertegenwoordigt, dus die Duitsers...' Ze komen er niet uit. 'God is barmhartig en ziet alles. Hij zal het laatste oordeel vellen over hun misdaden', besluit de priester optimistisch en hij duwt Fischer stiekem een bijbel in de hand. Die is niet eens verwonderd, hoewel hij met iets totaal onverwachts geconfronteerd wordt.

Maandag, 7 juli, is een winderige dag met dreigende on- weerswolken. Moses Luft, een voormalige kampioen boksen bij de amateurs, is blij met dit Belgische weer en met de opdracht het gras langs de gracht te maaien. In de late middag laadt hij het gras in een roeibootje. Ondanks het afnemen van de wind drijft het bootje een beetje af. Vanaf de wachttoren kan Benninger de situatie overzien. Hij haalt de grendel van zijn geweer over en legt aan. Een fractie van een seconde later horen de gevangenen twee korte, scherpe knallen. Luft valt voorover en bloedt hevig. Enkele gedetineerden hollen naar hem toe zonder dekking te zoeken en dragen hem naar de binnenplaats. 'Pas op, ik heb nog tien kogels over', roept Ben- ninger hen achterna terwijl hij naar zijn tas wijst.

Tegen middernacht wordt iedereen gewekt door kreten en fluitsignalen. Soldaten lopen de kamers af en tieren: 'Eintre- ten! Eintreten!' Ze drijven de gevangenen de binnenplaats op, waar het lijk van Moses Luft in een plas bloed ligt. Met een zweep in de hand houdt Prauss een korte lijkrede. 'De gevangene werd op de vlucht gedood', zegt hij zonder enige emotie. 'De wachter deed alleen maar zijn plicht.' Prauss begint zowaar te stotteren en besluit met een stem als ver- roest koper: 'Onthoud wat ik zeg, dit staat iedereen te wach- ten die het in zijn hoofd haalt te vluchten.'

Na deze waarschuwing beveelt de luitenant de gevangenen tweemaal langs het naakte, bebloede lijk te defileren. Een jonge Brusselse kapper die naast Pierre Goube loopt, wendt even de blik af. Een onderofficier merkt het, plant zijn hand op het hoofd van de kapper en drukt het tegen het lijk. 'Kijk goed! Kijk goed!' gromt hij. Plotseling maken de Duitsers een eind aan de meelijwekkende optocht, maar Fischer wacht nog een verrassing. In het holst van de nacht moet de volksvertegenwoordiger uit de veren om met bezem en dweil de bloedvlekken op de koer weg te poetsen.

Nu de Duitse troepen snel oprukken is enig 'optimisme van de wil' degenen niet vreemd die midden juli 1941 een granaat laten ontploffen bij het gebouw van de Nationale Bank in Mechelen. Ook zo'n honderd jongeren uit Puurs en omgeving hebben moeite om rustig te blijven. De Zwarte Hand – zo heet hun groep – heeft een losse structuur en is in zo'n 13 dorpen actief. De jongeren verspreiden *Hallo* en een aantal illegale Brusselse bladen zoals *Vrij* en *La Libre Belgique*, leggen lijsten van collaborateurs aan, bespieden militaire installaties en proberen met een geheime zender met Engeland in contact te komen. Hun acties worden steeds roekelozer, vooral in Puurs, het 'witte dorp van de zwarte verraders'. Daar berust de leiding bij de 21-jarige gemeentebediende Clement Dielis, alias De Klem.

In de nacht van 19 op 20 juli kladden de jongeren met witte verf het V-teken en de woorden 'lafaard' en 'verrader' dwars over de gevel van de bekende VNV'er Pieter Lauwers, die aan de Kalfortbaan 13 woont. De bakstenen woning van de voormalige onderwijzer wordt bovendien met uitwerpselen besmeurd. Ook het huis van de dichter en radioreporter Bert Peleman aan de Hoogstraat 17 moet eraan geloven. Ontstemd fotografeert Lauwers met zijn kodak de vandalenstreken en daarna doet hij samen met Peleman aangifte bij de plaatselijke politie en de Mechelse procureur. Tegelijk kloppen ze aan bij de prominente VNV'er Richard Philips en bij kampcommandant Schmitt.

De actie van de Zwarte Hand bereikt voorlopig een hoogtepunt op 21 juli, de nationale feestdag. Via pamfletten vernemen de inwoners van Klein-Brabant dat de Zwarte Hand een speciaal radioprogramma op de ultrakorte golf uit zal zenden. Frans Van Beneden, een elektricien uit Puurs, heeft daarvoor een zendpostje gefabriceerd. Op het afgesproken uur speelt Marcel De Mol, de stichter van de verzetsgroep en koster in Tisselt, op zijn orgel de Brabançonne. Vervolgens steekt Albert De Bondt zijn streekgenoten een hart onder de riem. 'Belgen, vandaag moet de driekleur overal wapperen', roept hij uit. 'De Belgische leeuw moet weer brullen en zijn gebrul zal Hitler en zijn gespuis op de vlucht drijven.' De bediende uit Puurs, amper achttien, werkt bij het Arbeitsamt. De uitzending wordt in de streek als een overwinning begroet.

Ook elders in het land gaat de nationale feestdag niet onopgemerkt voorbij. Op het Brusselse De Brouckèreplein jouwen honderden mensen de Rexisten uit. De Duitsers pakken in het wilde weg tientallen betogers op. Tegen het vallen van de avond worden ze in Breendonk door een stel gefrustreerde SS'ers op slagen en verwensingen onthaald. Frans Fischer schiet wakker van het kabaal en hoort aan alle kanten kreten weergalmen. Hij sluipt naar het donkere raam en ziet geheimzinnige schaduwen op de binnenplaats. Het zijn de profielen van de nieuwelingen die roerloos tegen de muur staan. De een na de ander maakt zich uit de groep los en loopt langzaam in de richting van het kantoor, waar ze geregistreerd worden.

Het begint al licht te worden als Fischer opstaat. De zon zal spoedig opkomen en het belooft een vrij aangename dag te worden. Plotseling ontvouwt zich voor zijn ogen een akelig schouwspel op de binnenplaats. Een aantal nieuwkomers staat, of liever gezegd hangt, nog steeds tegen de muur, terwijl andere kruiselings over elkaar op de grond liggen met bleke, verwrongen gezichten en ogen die wantrouwend en vermoeid de wereld inkijken.

De cafébaas

Op 23 juli, om acht uur 's morgens, stappen vier Feldgendarmen de herberg De Beiaard aan de Frederick de Merodestraat in Mechelen binnen. Het is de stamkroeg van de plaatselijke verzetslieden. 'Is Bamps hier?' 'Ja', antwoordt de man achter de toog. 'Anziehen und mitkommen!' De Duitsers sleuren de 50-jarige cafébaas mee naar hun auto, duwen hem op de achterbank en scheuren weg naar de Kommandatur, waar Bamps het gezelschap krijgt van procureur Jules 's Heeren, het socialistische gemeenteraadslid Jos Verbert, de twee adjunct-politiecommissarissen Jan Schelkens en Frans Boon en van nog een vijftal anderen.

Het moet een uur of tien zijn als de Mechelaars in Breendonk voor de prikkeldraadversperring staan. Aan de houten dubbele poort hangt een bord: 'Halt! Wer weiter geht wird erschossen!' Het staat er met grote letters in het Duits, het Nederlands en het Frans. De Mechelaars krijgen er kippenvel van en huiveren nog als ze in rijen van drie blootshoofds het fort binnenmarcheren en vervolgens in spreidstand tegen de muur gaan staan, de vingers gestrekt op de broeknaad. Opeens merkt een SS'er dat politieagent Moonen zijn uniform nog aanheeft. 'Nee, maar! We hebben ein Polizist in ons midden', roept hij uit en hij geeft Moonen een stomp, waardoor diens hoofd tegen de oneffen cementen muur slaat en hij een bloedneus oploopt.

Nadat ze urenlang tegen de muur hebben gestaan, worden ze één voor één ontboden in een kantoor, waar hun personalia worden genoteerd. De deur staat halfopen. 'Herein!' Bamps gaat naar binnen, als iemand die daar thuishoort. Maar binnen een paar tellen ligt hij alweer buiten, na een trap van een SS'er, die uitroept: 'Du musst anklopfen.' De cafébaas, een boom van een vent, weet meteen hoe laat het is.

De Mechelaars mogen alleen hun onderhemd, kousen en zakdoeken houden. Voor Bamps, 113 kilo zwaar, is er geen passend soldatenplunje. 'Neem deze maar', snauwt een Duitser. 'Het is nu wel een aantal maten te klein, maar het zal gauw genoeg passen.' Bamps is totaal verbluft. 'Denk erom, jullie zijn gijzelaars', zegt Prauss, 'maar in dit geval zal ik jullie als gevangenen behandelen.' En zonder op te kijken, besluit hij: 'Ihr seid keine Männer mehr, ihr seid Häftlinge.'

De Mechelaars brengen half slapend, half wakend de nacht door. Als ze de volgende morgen rond 5 uur wakker worden, klinkt als naar gewoonte een langgerekte schreeuw: 'Aufstehen!' Twee SS'ers stappen de kamer binnen en de Zugführer roept: 'Achtung!' Zonder te dralen vormen de Mechelaars een rechte lijn voor de bedden. Nadat ze zich in de gang hebben gewassen, mogen ze naar een van de acht latrines buiten op de binnenplaats. Het zijn stinkende en smerige poelen, want stromend water en riolering ontbreken.

Het is een obscene vernederende kwelling. De Mechelaars zitten daar ten aanschouwen van iedereen gehurkt te persen. Naast elkaar, tegenover elkaar, broek omlaag, blik op oneindig, zonder toiletpapier, zonder water om de boel door te spoelen of de handen te wassen. Iedereen krijgt welgeteld drie minuten om zijn behoefte te doen.

Na het ontbijt – een snee brood met een kopje smakeloze koffie – volgt rond halfzes het ochtendappèl. 'Die Schweine haben gut gefressen und gut geschlafen und können schnell arbeiten', grijnst Prauss. Enige ogenblikken later worden de ploegen gevormd. Enkele gevangenen vergezellen Petrus Van Praet, sinds kort tot hovenier benoemd op voorspraak van de 26-jarige SS'er Frans Van Neck uit Breendonk, Schmitts persoonlijke chauffeur. Van Praet zat begin van het jaar anderhalve maand in het fort vast omdat hij een Wehrmachtsoldaat had beledigd. Althans dat beweert de hovenier. Hij verdient 8,50 frank per uur en het is de gemeente Breendonk die zijn loon betaalt. Iedereen weet dat er wel iets aan Van Praet mankeert, maar vergis je niet! Hij is leep en onbetrouwbaar. Bij de kleinste aanleiding loopt hij naar de SS en in een schriftje noteert hij in een klein kriebelig handschrift de nummers van de 'luiaards'. Ondanks alles staat iedereen te springen om voor hem te werken want het is een buitenkans als je een stuk raap of kool achterover kunt drukken. De hovenier kweekt immers verschillende soorten groenten aan de rand van het kamp.

De Mechelaars moeten kipwagens met aarde en zand vullen, die met vier man zo'n zeshonderd meters ver duwen en dan op een drafje terugkeren. De Arbeitsführer jaagt hen op: 'Tempo! Tempo!' roept hij, zweep in de hand.

Het is gloeiend heet en het lijkt of het hele kamp in ademnood verkeert. Luitenant Prauss zoekt een plek in de schaduw, in de buurt van een helling vanwaar hij een mooi overzicht over het werk heeft. Voor een neutrale toeschouwer lijken de gevangenen anonieme, voortschuifelende lappen textiel, maar Prauss weet wie hij voor zich heeft. Hij ziet Canivet en Schypa Dolinger zwoegen. De eerste heeft last van oedeem. Zijn benen en voeten zijn enorm gezwollen, waardoor hij voortdurend dreigt te vallen. De tweede moet zowat 50 jaar zijn en heeft een verband om het hoofd. Zijn bleke, papierachtige huid is met bloedzweren bedekt. Met gebogen rug en puffend loopt hij achter het volgeladen wagentje aan. Met schoppen en duwen spoort Lewin hem aan om voort te maken. Een dwaze glimlach van een onmenselijk lijden dat met niets te vergelijken is verschijnt op Dolingers gezicht, en deze glimlach verlaat hem niet meer.

De ochtend gaat uiterst langzaam voorbij. De oude procureur die nog nooit van zijn leven een schop in de handen heeft gehad, valt meer dan hij loopt, zo kapot is hij. Zijn gezicht een masker van zweet en stof, zijn handen vol blaren, ploetert de magistraat wanhopig voort. De robuuste Bamps daarentegen werkt als een gek om iedereen duidelijk te maken dat hij vroeger nog bouwvakker is geweest. Een Duitse wachter verbaast zich over Bamps zonderlinge werkkracht. 'Er ist der beste Fahrer', zegt hij bewonderend tegen een collega. Daarop fluistert hij de cafébaas toe: 'Rustig maar, de dag is nog lang.' Bamps doet echter alsof hij het niet hoort en zwoegt verder alsof zijn leven ervan afhangt.

Rond twee uur 's middags heeft Bamps er twintig ritten op zitten. Met een zucht van opluchting hoort hij dat het fluitsignaal voor het middagappèl weerklinkt. Plots verschijnt Prauss in aanwezigheid van Van Praet, die een gerolde sigaret tussen zijn tanden klemt. 'Welke onnozelaar heeft de tabak van de hovenier gestolen?' vraagt de luitenant. Er valt een diepe stilte waarin men alleen het geschuifel van een paar voeten hoort. De hovenier staat erbij alsof hem zojuist een oude mop te binnen is geschoten. Geprikkeld herhaalt Prauss zijn vraag, maar niemand reageert. 'Dat zal jullie duur te staan komen', vervolgt hij. 'Wees gerust, ik zal de dief vinden. Ik was dit niet van plan, maar ja, jullie hebben erom gevraagd. Kleden jullie zich maar onmiddellijk uit.' Nooit hebben de Mechelaars zo'n absurde striptease gezien. Iedereen wordt tot op de onderbroek gefouilleerd. Na een uur is het onderzoek afgelopen. Tabak heeft Prauss niet gevonden, wel wat koolbladeren en paardenbloemen. 'Die Grünfresser zullen hun straf niet ontlopen', dondert hij. 'En verdwijn nu uit mijn ogen.' Pas rond zes uur in de namiddag mogen de Mechelaars naar hun kamer voor een kop soep en een snee brood.

Dezelfde dag slaapt Schypa Dolinger zacht in. De legerarts Hans Köchling, die op een goed blaadje bij Schmitt wil staan, vermeldt op de overlijdensakte: 'Debilitas met hartverzwakking.' Bijna tegelijkertijd sterft in de ziekenzaal Israel Neumann. De dwerg met het nummer tweeëntwintig werd net geen eenenveertig. Als Prauss voorbij het kleine, uitgemergelde lijkje wandelt, zegt hij half lachend, half ernstig: 'Hij lijkt wel een aapje.'

DE MAGISTRAAT

Dood en verderf waaien door het kamp. Zowat de helft van de driehonderd gevangenen lijdt in min of meerdere mate aan alle denkbare ziekten: tuberculose, bronchitis, longontsteking, buikloop, lever- en maagontstekingen en besmettelijke bloedzweren. In de overvolle ziekenzaal hangt een doordringende urinegeur, maar dokter Singer is daar zo aan gewend dat het hem nauwelijks meer opvalt.

De joodse dokter is dag en nacht in de weer en rent van de ene zieke naar de andere, het hoofd voorovergebogen en de schouders ineengedrongen. Zonder medicijnen kan Singer niet veel doen. Hij troost de zieken, strijkt een laagje jodium tinctuur op de zweren en bedekt de etterende wonden met witte watten. Om een buikloopepidemie in te dijken, mengt hij af en toe wat gist door het eten, maar het eind van alles is toch vaak de dood. In de week na hun aankomst dragen de twee Mechelse politiemannen, Oscar Moonen en Lodewijk Van Asch, niet minder dan zeven lijken naar de ingang van het fort, waar ze zonder veel plichtplegingen op een vrachtwagen geladen worden.

De tragedie dringt langzaam maar zeker tot de hoogste Belgische kringen door. Prins de Ligne, een regelmatige gast van von Falkenhausen op diens protserige kasteel in Seneffe, smeekt de militaire bevelhebber dringend orde op zaken te stellen.

Op 25 juli komt generaal von Hammerstein, het hoofd van de Oberfeldkommandantur, een kijkje nemen in Breendonk. Hij wordt er koel ontvangen door Schmitt die zijn handen in onschuld wast. En de generaal gelooft hem op zijn woord. 'De geruchten die over het kamp de ronde doen, zijn méér dan overdreven', verzekert hij. Het regime noemt hij 'logisch, normaal en draaglijk'. Schmitt heeft de voedselpakketten afgeschaft, maar daar heeft de generaal geen bezwaar tegen want daar hebben ze allerlei mee 'binnengesmokkeld'. 'Akkoord, het is niet het aardse paradijs en ik zou er niet willen logeren', besluit de generaal, 'maar vergeet in godsnaam niet dat in Breendonk de zwaarste gevallen zitten: misdadigers van gemeen recht, joden en staatsgevaarlijke individuen.'

Zondag, 27 juli is geen rustdag voor de Mechelse gijzelaars. 's Morgens moeten ze zware betonnen palen wegslepen, helemaal naar het andere eind van het kamp. Daarna moeten ze nog wat turnen op het dak van het fort.

Hun bestaan heeft iets kafkaiaans. Op een dag meldt Edouard Kempeneers, een collega van procureur Jules 's Heeren, zich bij de poort, in gezelschap van Camiel Aps, een rijkswachter uit Blaasveld. De Mechelse magistraat leunt op een oude wandelstok want hij hinkt een beetje. Aps, die vlot Duits spreekt, zegt tegen de wachter: 'Mogen we de commandant even spreken?' De wachter draait zich om en loopt de gang in. Enkele ogenblikken later meldt hij dat Schmitt geen bezoek wil ontvangen. 'Waarom niet?' wil Aps weten. 'Dáárom niet', luidt het laconiek. 'Wat doen we, gaan we terug?' vraagt de rijkswachter. 'Ik blijf hier al zou ik persoonlijk het hele fort moeten afbreken', repliceert de magistraat koppig. Hij steekt een tirade af, waaruit de wachter opmaakt, dat hij, Kempeneers, een machtig man is en het daarbij niet zal laten. Na veel vijven en zessen mogen de bezoekers toch naar binnen.

Schmitt zit achter een immens schrijfbureau in een map te bladeren en neemt daar de tijd voor. Als hij klaar is, steekt hij een sigaret op en laat zich behaaglijk achteroverzakken. Aps stelt zich voor en legt geduldig uit dat Kempeneers de procureur wenst te zien. Schmitt kijkt zo mogelijk nog lustelozer dan anders. De ss'er is duidelijk niet in de stemming voor een ernstig gesprek. 'Meneer heeft een pakje meegebracht en hij moet een aantal dossiers met de procureur bespreken', dringt Aps aan. 'Geen denken aan', zegt Schmitt kortaf. Kempeneers, die in de Eerste Wereldoorlog heeft gevochten, leeft in de overtuiging dat alles nog net zo is als een halve eeuw geleden. 'Ik laat me niet door een Duitser de les lezen', roept hij terwijl hij met zijn wandelstok nijdig op het bureau slaat. Binnen de kortste keren ontstaat er een hooglopende ruzie waarbij Schmitt en Kempeneers elkaar toebrullen. Het koude zweet breekt Aps uit. 'Vooruit, kom mee', zegt hij tegen de tegenstribbelende Kempeneers en hij grijpt hem stevig bij de arm. De magistraat pakt hijgend zijn wandelstok, wringt zich met een misprijzend knikje langs de kampcommandant en hinkt tergend traag naar de deur. 'Ik ga er vandoor', zegt Kempeneers tot niemand in het bijzonder. 'Ja, dat is maar beter ook', schreeuwt Schmitt hem achterna. 'Anders mag je hier overnachten.'

Het gaat snel bergafwaarts met procureur Jules 's Heeren die maar gewicht blijft verliezen en opeens, na uren sjouwen met de kipwagens, onwel wordt. Hij voelt pijn in de borst en krijgt het benauwd. Na overleg met de dokter ontslaat Prauss hem van zwaar buitenwerk. Nu is het 's Heerens taak om de kamer schoon te houden. Als hij de volgende morgen ontwaakt ziet hij dat twee van de vier emmers lekken en dat de vloer kletsnat is. Strozakken, kleren, alles is doorweekt en uit de natte massa stijgt een misselijkmakende urinelucht op. De magistraat staat tot zijn enkels in de stinkende smerigheid. Dit is vast en zeker een flauwe grap van een of andere SS'er denkt hij bij zichzelf. Kun je je iets walgelijkers voorstellen? Hoe verzint iemand zoiets? De procureur probeert de gedachten van zich af te schudden en begint haastig alles uit de kamer te dweilen.

Zijn conditie verslechtert elke dag. Toch wordt hem moedwillig medische zorg ontzegd. Pas als hij een ernstige bronchitis oploopt en in kritieke toestand verkeert, stemt Prauss in met een spoedopname in de ziekenzaal. Op vrijdag, 8 augustus, moet 's Heeren samen met de andere stadsgenoten na het ochtendappèl op de binnenplaats achterblijven. Tegen negenen krijgen ze hun burgerkleren en persoonlijke spullen terug. Wel moeten ze een verplichting van geheimhouding ondertekenen. 'Ondergetekende weet dat hij niet mag praten over wat hij tijdens zijn gevangenschap heeft gezien, zo niet stelt hij zich bloot aan arrestatie en opsluiting in een concentratiekamp.' En de tekst vervolgt: 'We zien af van elke staatsvijandige actie of propaganda en van elke aanspraak op schadevergoeding.'

Vijf Feldgendarmen halen de gijzelaars met een vrachtwagen op. Ze rijden naar Mechelen en houden halt aan de Nationale Bank waar het verzet een aanslag heeft gepleegd. De Feldgendarmen stappen uit met hun machinegeweer in de hand. Wat heeft dit te betekenen? Halen ze weer een van hun streken uit? De gijzelaars kijken angstig om zich heen, aangegaapt door voorbijsnellende burgers. Na vijf minuten stappen de soldaten weer in en rijdt de vrachtwagen weg. Twee uur later staan de Mechelaars voor de citadel van Hoei.

DE DROMER

Op 20 augustus, een zaterdag, wordt de communist Victor Baeyens vanuit de Gentse gevangenis 'De Nieuwe Wandeling' naar Breendonk overgebracht in gezelschap van een twintigtal Gentenaars, onder wie Valère Devos die tijdens de Spaanse Burgeroorlog eerst in de rangen van de Internationale Brigades streed, maar daarna naar de extreem-rechtse organisatie van pater Morilion overliep.

Veel tijd om daarover te piekeren krijgt Victor Baeyens niet want hij wordt onmiddellijk naar de kipwagens gestuurd. Op enkele passen afstand van hem werkt de 22-jarige Richard Zylberstein. Zijn hoofd is omzwachteld en hij ziet eruit alsof hij ieder ogenblik omver kan vallen. 'Hé luiaard, komt er nog wat van?' roept Obler nors. 'Begin je nu alweer', reageert de jongen moedeloos. 'Je weet dat ik niet meer kan.' Hij had beter gezwegen. Zylberstein krijgt een paar meppen, valt met een bons op de grond en blijft versuft liggen. Dan krabbelt hij overeind, zakt prompt weer in elkaar, staat weer op en valt weer. Ontstemd gooit Obler een emmer koud water over hem uit. Uiteindelijk vindt de jongen de kracht om schuifelend weg te komen. Maar één ding is duidelijk: hij is er belabberd aan toe. Zylberstein kan zichzelf niet meer wassen of aankleden en hij brengt alleen nog piepende geluiden voort.

Een dag of twee later, op 28 augustus, zit de jonge jood weggedoken in de verste hoek van het cachot. Als Obler voorbijkomt, zet Zylberstein zich schrap en met een geweldige krachtinspanning fluistert hij net luid genoeg opdat de Vorarbeiter het nog kan verstaan: 'Vuile nazi! Vuile nazi! Vuile nazi!' Nauwelijks een paar uur later verhangt hij zich met een elektrisch snoer.

Als Baeyens de onheilstijding verneemt, is hij helemaal van slag, maar zijn Gentse makkers helpen hem er bovenop. Solidariteit is voor hen heilig. Achter de rug van hun kameroverste leggen ze bijvoorbeeld dagelijks een stukje brood opzij voor Rene Dillen, een van de eerste gevangenen, die nog maar een schim van zichzelf is.

Overdag moeten de Gentenaars met kipwagens door het zand ploeteren. Op drie ervan hebben de Duitsers met witte verf een hamer en sikkel geschilderd, zodat iedereen weet dat het communisten zijn die ermee werken. Baeyens, Jules De Vreese en drie andere Gentenaars vormen een ploeg. Met vereende krachten, twee vooraan en drie achteraan, duwen ze hun wagentje voort. Na elke rit wisselen ze van plaats, want wie achteraan loopt, krijgt de meeste klappen.

Terwijl ze aan de overkant van de oever het karretje leegkie-peren, turen Baeyens en De Vreese naar het café aan de over-zijde van het kruispunt van de baan Brussel-Antwerpen en Dendermonde-Mechelen dat met zijn scheve dak wel iets van een verzakte gedenksteen weg heeft. Ze zien er van tijd tot tijd vrouwen rondlopen, die een glimp van hun gedetineerde mannen hopen op te vangen.

Plotseling mompelt De Vreese: 'Ik zie mijn echtgenote.' Baeyens wil iets zeggen, maar De Vreese is hem voor. 'Ik zie mijn vrouw', herhaalt hij, terwijl hij zijn ogen half dichtknijpt. In de verte doemen twee vrouwelijke gestalten op die in de richting van het fort slenteren. 'Weet je het zeker?' vraagt Baeyens voorzichtig. 'Natuurlijk, heel zeker', reageert De Vreese opgewonden. Hij knielt tussen twee wagentjes, wuift met ingehouden adem, en ja, één van de vrouwen wuift met een zakdoek terug. Iedereen staat er perplex van. 'Los! Abfahren!' roepen de bewakers. Ze rijden snel terug en wer-ken als gekken om hun kar te vullen. Hoewel slecht ter been schijnt De Vreese nu opeens nergens meer last van te hebben. Op de terugweg is iedereen zenuwachtig en gespannen. Als ze aan de dijk komen, zoeken Baeyens en De Vreese de hori-zon af. Waar zijn de vrouwen gebleven? 'Ik snap het niet', zegt De Vreese teleurgesteld. 'Ze zijn er nochtans geweest.'

Baeyens loopt kort nadien, op 1 september, een stadsgenoot tegen het lijf, de veertiger Robert Baele een ss'er die pas als kampbewaker in functie is. Trouwens, er strijken nu meerde-re Vlaamse ss'ers neer in Breendonk die na een strenge selec-tie door de SD aan de Führer trouw gezworen hebben. Marcel De Saffel uit Destelbergen, een gesjeesde bediende van 25 jaar, gaat voor de administratie zorgen, daarbij geassisteerd door de Antwerpenaars Jan Pellemans en Adolf Lampaert.

Met zijn drieën schrijven ze de nieuwkomers in en controleren ze de brieven en de pakjes, waardoor ze over iedereen praktisch alles weten wat er te weten valt.

Midden september treedt Fernand Wyss in dienst. De eenentwintigjarige Antwerpenaar lijkt geheel uit spieren te bestaan. Hij werkte een tijdje als mecanicien op het vliegveld van Deurne en maakte voor de oorlog naam als worstelaar. Op aanraden van zijn schoonvader volgde hij in Duitsland een opleiding voor Waffen-SS'er.

De Vlaamse SS'ers arriveren op een moment dat het verzet begint toe te slaan. In Doornik bijvoorbeeld schieten leden van 'La Phalange Blanche' op 17 september de leider van Rex en twee Duitse politiemannen dood. Gouverneur von Falkenhausen reageert woedend en waarschuwt dat hij voortaan alle politieke gevangenen als 'gijzelaars' zal behandelen.

De militaire bevelhebber, een aristocraat en een man van de wereld, wordt door de SIPO/SD met enige argwaan bekeken. In zijn kasteel in Seneffe ontvangt hij vele hoge gasten die steeds weer over mishandelingen in Breendonk klagen. De gouverneur moet nu wel een onderzoek gelasten.

Op 17 september hebben zijn medewerkers Eggert Reeder en von Craushaar een onderhoud met SS-Sturmbannführer Constantin Canaris. Reeder – bril, achterovergekamd haar met een middenstreep, bol gezicht – is als Militärverwaltungschef met de praktische leiding van het Duitse bestuur belast. Deze ere-SS-generaal lijkt de aangewezen persoon om voorzichtig de gang van zaken in Breendonk na te gaan. En voorzichtig is hij, want kritiek op de SIPO/SD ligt politiek uiterst gevoelig.

Reeder opent daarom de vergadering met een antisemitische uithaal. 'De huidige toestand', zegt hij, 'waarbij een joodse gedetineerde de medische verzorging op zich neemt en over de arbeidsgeschiktheid van niet-joden oordeelt, is volstrekt ontoelaatbaar.' Reeder pleit ervoor dat dokter Köchling, die deel uitmaakt van het Mechelse garnizoen, zich intenser met Breendonk bezig zou houden. Vervolgens komt Reeder tot de kern van de zaak. 'Volgens Generalarzt Blum', zegt hij, 'hebben de karige rantsoenen verscheidene gevangenen het leven gekost.' Reeder wil dat de gedetineerden meer brood krijgen en dat er spoedig een kampreglement komt, waarin onder meer de disciplinaire strafmaatregelen nauwkeurig omschreven worden. Gedurende het hele gesprek houdt Canaris zich wijselijk op de vlakte. Hij heeft wel wat anders aan het hoofd. Müller, de chef van de Gestapo in Berlijn, heeft hem laten weten dat onruststokers voortaan in een concentratiekamp thuishoren.

DE INSPECTEUR

Op zaterdagavond, 20 september, omstreeks tien uur, verspreiden twee kerels van een jaar of twintig, de bakkersgast Petrus De Mul en de metselaar Jozef Thijs, pamfletten van de Zwarte Hand op de Pullaersteenweg te Ruisbroek. Thijs kan ze niet eens lezen want hij heeft nooit een school vanbinnen gezien. Op de vlugschriften staat de tekst van de 'Tien Vaderlandse Geboden'.

> *Bovenal verfoei de mof*
> *Doe hem bijten in het stof*
> *Help ons het nazisme te weren*
> *Leer uw eigen land waarderen*
> *Duitse pers is ergernis*
> *Voor wie een eerbaar burger is*

> *Weet dat Hitler slechts kan liegen*
> *Moorden, stelen en bedriegen*
> *Wees daarom in uw gemoed*
> *Een echte Belg, kort en goed*

Terwijl De Mul en Thijs de pamfletten in de brievenbussen stoppen, doorkruisen drie Mechelse Feldgendarmen het dorp. Ze speuren met de helle koplampen van hun kleine wagen naar verdachte individuen. Plotseling zwenken ze in volle vaart de Pullaersteenweg op, waar ze de twee jongens in het vizier krijgen. Aan beide kanten van de auto springen de gendarmen naar buiten. De Mul en Thijs worden, als in een spionagefilm, vastgegrepen en in de auto gesleurd. Ze zijn in het bezit van een pot lijm, een borstel en een stapel vlug-schriften. De Feldgendarmen verrichten nog een huiszoe-king bij De Mul, maar zijn pleegvader heeft tijdig alle bezwa-rend materiaal kunnen vernietigen.

's Anderendaags is het kermis in Puurs. Het weer is zacht en de fruitbomen vullen de lucht met hun eigenaardig prikke-lende geur. Aan het einde van de middag stromen de straten vol volk en onder de zonneluifels van de cafés is het druk. De muziek schettert en de oliebollenwalm vermengt zich met de warme geuren van de zomer. Overal hangen jongeren van de Zwarte Hand rond.

In het fort van Breendonk heerst ondertussen totale verwar-ring. Honderdenzeven gevangenen worden naar het maga-zijn geroepen, waar ze hun burgerkleren terugkrijgen. Stilaan ontstaat er een hoopvolle sfeer. Zouden ze naar huis mogen? Groepjes gedetineerden praten opgewonden over hun nakende vrijlating en vreemd genoeg laten de bewakers hen begaan. Dan moet iedereen één voor één in de barak komen die als kantoor fungeert. Een ss'er roept de namen alfabetisch af. 'Jacob Abrahamson.' Een kleine, dikke Brusselse jood betreedt het vertrek. Enkele ogenblikken later komt hij met opgeheven armen en een stralend gezicht naar buiten en roept terwijl hij zich bijna in zijn eigen woorden verslikt: 'We zijn vrij!' De woorden slaan in als een bom.

De Gentenaar Victor Baeyens wordt naar binnen geroepen. Met knikkende knieën staat hij voor de schrijftafel. Hij moet een verklaring tekenen, waarin staat dat hij zich van anti-Duitse propaganda zal onthouden. Bevend tekent hij het document terwijl zijn blik gericht blijft op de zwarte letters bovenaan de verklaring. 'Entlassungsschein', leest hij. Hij vraagt zich af of hij het goed heeft gelezen, maar het staat er zwart op wit. 'Wij mogen naar huis', flitst het door zijn hoofd.

Een paar uren later worden de 107 gevangenen in twee slaap-vertrekken afgezonderd. Na maanden van pesterijen, bedrei-gingen en uithongering heerst daar nu een uitgelaten sfeer. De uitbundigheid neemt zelfs met het uur toe. Sommigen dansen en juichen alsof ze het hoogste lot gewonnen hebben. Slechts enkelen blijven voorzichtig, want ze hebben in de keuken rantsoenen brood zien inpakken. 'Er klopt iets niet, let op mijn woorden', zegt Rene Blieck, een advocaat uit Brussel, die voorlopig geen afstand wil doen van zijn zelfge-maakte broodrooster.

Zwalkend tussen hoop, vrees en ongeloof ligt Baeyens de hele nacht op zijn bed te woelen. Hij doet geen oog dicht. 's Mor-gens krijgt hij net als iedereen 750 gram brood en een stuk worst. Uitgehongerd als ze zijn, schrokken velen alles ineens naar binnen, maar Baeyens weifelt en houdt een brok brood over. Even later dromt een groep zwaarbewapende Wehrmachtsoldaten in de gang samen, die vervolgens de ont-hutste gevangenen naar buiten drijven. Door een dikke mist trekt de stoet in de richting van Willebroek. De straten liggen er leeg bij en vele rolluiken zijn nog naar beneden. Rene Dillen loopt niet, maar sjokt vooruit, ondersteund door enkele communistische makkers. Ook Adolf Van Den Heuvel uit Blaasveld strompelt hijgend voort, al houdt hij zich kloek. De schaarse kennissen kijken op en om, maar zeggen niets want de Wehrmachtsoldaten gebaren dat ze door moeten lopen.

Na een flinke wandeling door de koele ochtendlucht doemt de spoorwegbrug op. Voor ze goed en wel beseffen wat er gebeurt, worden de 107 in drie wagons gestopt en rijdt de trein Willebroek uit. God mag weten waar naartoe. 'Ik had het voorspeld, hé', zegt advocaat Rene Blieck.

Op hetzelfde ogenblik vieren de Puurse leden van de Zwarte Hand de tweede dag van de kermis. Ze trekken, net als voor de oorlog, van café naar café. Dat is nu eenmaal de traditie. 's Avonds is er een groot feest bij Robert De Saeger wiens neef Louis secretaris van het VNV is. Iemand maakt een fles jenever open en de bekers gaan rond. De plaatselijke leider Louis Hofmans, een melkboer, heeft eieren meegebracht, die rauw worden gegeten om beter tegen de drank te kunnen. Naarmate het gezelschap meer dronken raakt, wordt er meer gedanst. De jongeren laten zien dat ze over een meer dan uitstekende danstechniek beschikken. Tot diep in de nacht vermaken ze zich met het vrouwelijk schoon. Ze zoenen, sakkeren op de nazi's en zingen zo luid dat de vaderlandslievende liederen tot aan de woning van de VNV'er Bert Peleman te horen zijn.

Op woensdag, 24 september, moeten degenen die in Breendonk achterbleven, de slaapzalen en de binnenplaats grondig schoonmaken. Zenuwachtige SS'ers dwingen hen er vaart achter te zetten. Zelden waren ze zo veeleisend en perfectionistisch want Karl Lamottke, die de afwezige Schmitt vervangt, krijgt bezoek van een vijfkoppige delegatie onder leiding van SIPO-chef Constantin Canaris en von Craushaar, het hoofd van het departement administratie in het Militaire Bestuur.

Lamottke leidt zijn hoge gasten ogenschijnlijk ontspannen rond. Als ze gevangenen tegenkomen, gaan die automatisch in de houding staan. Zo te zien schijnen de bezoekers de Grusspflicht en de Spartaanse discipline zeer op prijs te stellen. Terloops benadrukt Lamottke dat de 346 gedetineerden sinds een tweetal weken een broodrantsoen van vijfhonderd gram per dag krijgen. Eens per week zouden daar nog vijftig gram brouwersgist en een paar porties groenten bijkomen. Het is een grove leugen, maar het lucht op. Na een stevige borrel wandelen de inspecteurs naar het bouwterrein waar Obler en Wyss zich ongewoon koest houden. 'Het betaamt toch niet dat joodse opzieners niet-joden commanderen', is het enige wat von Craushaar op kan merken.

Dan lopen de bezoekers langs de kamers. 'Klein maar ruimschoots voldoende', oordelen ze. In een ervan zijn zes cellen voor arrestanten gebouwd die bovenaan met prikkeldraad zijn afgesloten. De inspecteurs hebben geen kritiek: 'Voor zware misdadigers zijn deze cellen zeker toereikend. Ze kunnen zonder al te groot ongemak rechtop staan en zelfs met elkaar converseren.' Een voldoende krijgt ook de ijzeren kooi, waarin gevangenen met zelfmoordneigingen gestopt worden. Toch constateert het team één minpunt: de opslagplaats van de aardappelen moet beter verlucht worden. Na een bezoek aan de vertrekken van de vijf onderofficieren en de 32 Wehrmachtsoldaten begeeft de delegatie zich naar de overvolle joodse en 'Arische' ziekenzaal, waar niet minder dan 59 patiënten met hongeroedeem en ettergezwellen liggen. Lamottke moet schoorvoetend toegeven dat er bovendien nog 62 kampbewoners in het ziekenhuis verblijven. Van de 346 gedetineerden is dus veertig procent ernstig ziek. Von Craushaar schudt ongelovig het hoofd en laat onmiddellijk een bloedende teringlijder naar het hospitaal voeren. Hij maakt duidelijk dat hij de kampcommandant voortaan persoonlijk verantwoordelijk zal stellen voor de mishandelingen, waaraan Zug- of Arbeitsführer zich schuldig zouden maken en dringt nogmaals aan op het opstellen van een kampreglement. Toch vindt von Craushaar al bij al dat de kampleiding de grenzen van het toelaatbare niet overschreden heeft.

Na het bezoek van het inspectieteam wordt het kampregime even – heel even – wat schappelijker. De Gentse ambtenaar Vital Verdickt, gevangene van het eerste uur, mag naar het ziekenhuis. Als antwoord op de vraag hoeveel doden hij in september 1941 heeft geteld, kijkt hij naar zijn hand en steekt een voor een zijn vingers op. Na tien stopt hij. Omdat er niet meer vingers zijn. In feite lieten elf gevangenen het leven, althans volgens de officiële Duitse bronnen.

DE LOODGIETER

Ondanks de schijnbare rust stikt het in de Rupelstreek van Duitse militairen. Ze verblijven in het kasteel Lindenhof te Aartselaar, patrouilleren op de bruggen in Boom en zijn heer en meester op het vliegveld van Hingene en in het nabijgelegen Sas van Wintam, waar de Duitsgezinde Richard De Bodt sluiswachter is.

De Duitsers zetten geregeld de bloemetjes buiten in Puurs, hetzij in het Casino dat gevestigd is in het landhuis van de familie Peeters aan de Robert Verbelenstraat, hetzij in het kasteel van de familie Philips aan de Begijnhofstraat 45. Het kasteel gaat schuil achter een grote tuin en er hangen grote spots aan de daken om ongenode indringers op afstand te houden.

Commandant Schmitt is er een graaggeziene gast. Hij komt er geregeld over de vloer, alleen of met bevriende officieren. Voor de afwisseling gaan ze soms in de gracht vissen of wonen ze een filmvoorstelling bij in het salon, waar de foto van VNV-leider Staf De Clercq naast die van Hitler aan de wand hangt en het hoofd van August Borms op een zetelkussen is geborduurd. Op het filmapparaat, waarmee de zoon Edouard geregeld Duitse propagandafilms afspeelt, prijkt een Vlaamse leeuw met de boodschap: 'Het wraaksein is gegeven, hij is hun tergen moe.' (Vijfde strofe van het lied De Vlaamse Leeuw.)

De hele familie Philips supportert voor het VNV en voor Hitler. Vader Constant noemt zich een 'Belg tegen wil en dank' en zijn zoon Richard draagt altijd het VNV-kenteken, onthaalt zijn gasten op de Hitlergroet en droomt ervan burgemeester te worden.

Constant Philips en zijn zonen bouwen machines voor houtbewerking en hebben veertig paswerkers en andere vaklieden in dienst. De familie doet goede zaken en levert zaag- en schaafmachines aan de Wehrmacht en aan Duitse bedrijven, onder meer aan de firma Kiessling in Leipzig. Ook het fort van Breendonk heeft een zaag- en schaafmachine van het merk Philips met het kwaliteitslabel: 'Kriegsausführung. Qualität unverändert.'

Gewone Duitse soldaten zijn zelden te zien op de feestjes van de familie Philips. Ze hangen rond in plaatselijke kroegen zoals Den Ouden Duc in de Hoogstraat, een ouderwets, knus café, dat druk wordt bezocht door de VNV'ers Pieter Lauwers, Bert Peleman en Karel Van Akoleyen.

Uitgerekend in Puurs stampen de melkboer Louis Hofmans, de gemeentebediende Clement Dielis en de spoorwegarbeider Remy De Mol de actiefste afdeling van de Zwarte Hand uit de grond. De leden bespieden de bezetter en verspreiden pamfletten waarin ze de VNV'ers belachelijk maken. Die voelen zich weinig op hun gemak en stellen een burgerwacht in, maar de Zwarte Hand breidt zich verder uit en telt eind september 1941 al een veertigtal aanhangers. De jonge verzetsstrijders spoelen graag de oorlogsellende even weg in café Sint-Jan in de Willem De Vochtstraat, waar de jonge Mathilde en haar tante Alida achter de toog staan. De Mol is er stamgast. Hij zoekt het geluk bij het blonde dienstertje en soms in de bodem van zijn glas.

Ook café De Kruisstraat in Oppuurs is een kroeg waar leden van de Zwarte Hand graag binnenspringen. Eind september waait de 27-jarige loodgieter Louis Houthoofd er om 3 uur 's middags binnen. 'Voor mij een pint', roept hij de herbergierster toe en slaat een arm om haar schouders. 'Ik lust ook wel iets anders', glimlacht hij. 'Hola', zegt ze zachtjes en ze haalt onder de toog een flesje bier uit. 'Op ons!' zegt Houthoofd. Ze beginnen over koetjes en kalfjes te praten. 'Heb je ook al gehoord dat er onlangs twee gasten van de Zwarte Hand in Ruisbroek zijn aangehouden?' vraagt Louis op luide toon. De vrouw achter de toog schudt een beetje gegeneerd van nee. Ze houdt er niet van dat Houthoofd zo hard praat in aanwezigheid van de klanten, maar voor ze iets kan zeggen, roept Houthoofd: 'Als de Duitsers mij willen pakken, zullen ze vroeg moeten opstaan.' Daarop haalt hij zijn pistool te voorschijn: 'De eerste de beste Duitser die mij durft aan te raken, schiet ik meteen overhoop.' Hij kijkt de verschrikte uitbaatster aan. 'Geef ons nog een pint, Francine', zegt hij.

Zoals zovelen uit de streek werkt Houthoofd, bijgenaamd Bonneterre, in de Eternitfabriek te Kapellen-op-den-Bosch. Het is slechtbetaald werk, maar het is werk. Op 29 september, rond halfvijf in de namiddag, staan plotseling enkele Mechelse Feldgendarmen voor zijn neus in de fabriek. 'Jij gaat met ons mee!' zeggen de Feldgendarmen. Houthoofd stribbelt tegen, slaagt er nog net in zijn pistool en kogels door de pijpen van zijn overall te laten verdwijnen, maar wordt dan in vliegende vaart naar Mechelen overgebracht.

Daar wordt hij aan een kruisverhoor onderworpen. 'Wat weet jij van de Zwarte Hand? Wie zijn de kopstukken? Waar heb je je wapens verborgen?' Houthoofd houdt zich van den domme. 'Ik weet het niet', herhaalt hij steeds weer met een grijns. Bonneterre lijkt niet onder de indruk van kerels die hun gezag aan hun uniform ontlenen. 'We krijgen je wel klein', tieren de Feldgendarmen en ze slaan Houthoofd met alles wat ze kunnen vinden.

Klein-Brabanders hebben harde koppen en geven zich nooit gewonnen. In de relatieve rust van de cel broedt de half kreupele Bonneterre op een vluchtroute. Na enkele dagen, op 9 oktober, zegt hij tegen een Feldgendarm: 'Ik ben van plan veranderd.' 'Ik wist niet eens, dat je plannen had', grapt de Duitser. 'Ik wil de waarheid vertellen', verklaart Bonneterre. 'De waarheid?' vraagt de Feldgendarm spottend. 'Ik heb wapens in mijn tuin verstopt', gaat Bonneterre onverstoorbaar verder.

Een paar uur later stoppen de Feldgendarmen in de Hoogstraat 54 in Puurs. Ze openen het portier en Houthoofd kruipt moeizaam uit het voertuig. Aan de overkant staat Bert Peleman toe te kijken. Moeder Houthoofd is zo van streek dat ze naar de VNV-voorman loopt en vraagt: 'Kunt gij mijn

Louis niet helpen?' 'Wie zijn gat verbrandt, moet op de blaren zitten', antwoordt de VNV'er uit de hoogte.

De Feldgendarmen brengen Houthoofd naar de tuin en Bonneterre begint ijverig te graven. Af en toe loert hij naar het afdak, waaronder de Feldgendarmen voor de motregen schuilen. Als de Duitsers zich even omdraaien, wipt hij lenig over de tuinmuur. De Duitsers slaan onmiddellijk alarm, maar de vogel is gaan vliegen. Houthoofd kent het terrein als zijn broekzak en hij bereikt ongemerkt het klooster van de Ursulinen. Vandaar begint hij aan een lange zwerftocht die in Frankrijk eindigt. Uit pure frustratie arresteren de Duitsers nog dezelfde dag zijn broer Frans.

De burgemeester

Op zondag, 12 oktober, wordt Richard Philips als nieuwe burgemeester van Puurs ingehuldigd. De zaal Albertum in de Hoogstraat, vlakbij het dorpsplein, zit afgeladen vol met VNV'ers, familieleden en sympathisanten. VNV-burgemeester De Ridder van Willebroek is overgekomen om zijn collega een hart onder de riem steken. Een burgemeester moet achter de Nieuwe Orde staan, vindt hij. Blijkbaar beantwoordt Philips aan dat profiel. Daarna neemt Jozef Muys uit Bornem het woord. Deze advocaat en gewestelijke VNV-leider ziet een glorierijke periode voor de bevolking aanbreken. 'De partij zal eensgezind achter de nieuwe burgemeester marcheren', belooft hij geestdriftig.

De sfeer is uitgelaten en van alle kanten weerklinken leuzen en aanmoedigingen. Het publiek scandeert minutenlang de naam van de nieuwe burgemeester. Dan stapt Philips op het podium. Hij trekt alle registers open. Hij heeft genoeg van alle laster en leugens. Het is nu welletjes geweest. Hij zal dat schorremorrie een lesje leren, belooft hij. Er breekt een donderend applaus los. De zaal staat op haar kop.

De leiders van de Zwarte Hand zien de bui hangen. 'Laten we maar vlug onze wapens en documenten wegdoen', zegt Louis Hofmans tegen zijn vader.

In alle vroegte verstoppen ze de volgende morgen vier blikken dozen in de Polderdijk. Ze zijn maar juist op tijd want op 15 oktober wordt Hofmans gearresteerd en naar Mechelen overgebracht. In café Den Ouden Duc reageren de VNV'ers opgetogen. 'De leider hebben ze toch al te pakken, nu zal de rest wel gauw volgen', analyseren ze de toestand. Hun voorgevoel komt uit. Twee dagen later worden Remy De Mol en Clement Dielis ingerekend. Voordat ze naar huis gaan, lopen de Feldgendarmen nog even langs het café Sint-Jan. 'Het zal hier voortaan wel een stuk rustiger zijn', zeggen ze plagend tegen Francine. De cafébazin haalt onverschillig de schouders op.

De aanhoudingen volgen elkaar heel snel op. Elektricien Frans Van Beneden, drukker Jan Callaerts en nog een hoop andere jongeren worden gevangengenomen en sommigen worden voor een 'doorgedreven' verhoor naar Breendonk gevoerd. Op een middag nemen de Feldgendarmen Louis Hofmans mee naar de Polderdijk, waar ze de revolvers, munitie en paperassen opgraven, die hij daar heeft verstopt. Er is verraad in het spel, dat staat nu wel vast.

Ondanks alle repressie laten de leden van de Zwarte Hand de moed niet zakken. Op de voordeur van Pieter Lauwers wordt opnieuw een grote 'V' geschilderd en de neef van Albert Moortgat, de VNV-burgemeester van Breendonk, blijft dapper pamfletten verspreiden. Gelukkig is zijn oom daarvan niet op de hoogte.

Op maandag, 27 oktober, is het kermis in Willebroek. Veel mensen hebben een dag vrij genomen om de jaarmarkt te bezoeken waar de boeren hun mooiste beesten aanprijzen. Uitgerekend die dag willen de Duitsers orde op zaken stellen. Feldgendarmen, bijgestaan door Antwerpse SD'ers, vallen overal binnen. Het lijkt wel of de staat van beleg is afgekondigd. In de hele streek worden verzetslieden aangehouden. Het is een bonte bende: fabrieksarbeiders, bakkersgasten, metselaars, mandenmakers, timmerlieden, schoenmakers, noem maar op. In Boom worden zes scholieren meegenomen. Rob Mertens is pas zestien en zijn makkers zijn maar één jaar ouder. Puurs wordt het hardst getroffen. Daar worden de buren van VNV'er Lauwers en Jean Maris, een gepensioneerde rijkswachter, gearresteerd.

Rond de middag wordt op de voordeur van Van Beneden gebonsd, die tegenover de kerk in Ruisbroek een elektriciteitswinkel heeft. Van Beneden, een van de meest gedecoreerde soldaten van de Eerste Wereldoorlog, heeft een dochter en zeven zonen. In het begin van de bezetting heeft hij zijn kinderen op het hart gedrukt: 'Het is beter hier tegen de Duitsers te vechten, dan kunnen we je tenminste in onze grond begraven als het faliekant afloopt.' De appelen zijn niet ver van de boom gevallen. Twee zonen, Frans en Flor, werden al opgepakt.

Als vijf man met getrokken geweren binnenstormen, staat moeder Van Beneden in de keuken aardappelen klaar te maken. Ze zet de pan neer op het aanrecht, droogt haar handen af aan haar schort en haast zich naar haar man. Die herkent op slag Schmitts chauffeur, Frans Van Neck, een SS'er uit Hingene. Buiten zichzelf slaat hij op de tafel. 'Lafaard, hebt gij mijn kinderen verraden?' roept hij uit. Niemand minder dan majoor Schmitt leidt de operatie. Plots bemerkt hij op de schoorsteenmantel een zwartwitfoto. Hij pakt de foto van

Van Beneden als gedecoreerde soldaat, houdt hem in het licht om beter te kunnen zien en lijkt even geïmponeerd.

Dan geeft hij opdracht het huis systematisch te doorzoeken. Kasten worden geopend, kleren binnenstebuiten gekeerd, muren en vloeren beklopt. Geen plekje wordt overgeslagen. In de slaapkamer van Rik, waar de scouts geregeld bijeenkomen, vinden de Duitsers een namaakgeweer dat voor een toneelstuk gebruikt werd. Het wordt betast en na controle op de vloer kapot getrapt. Als ze zich naar de stal begeven, besterft Van Beneden het bijna van schrik want hij heeft op de hooizolder enkele wapens verstopt. Schmitt klautert langzaam de ladder op maar halverwege bedenkt hij zich. Fluisterend overleggen de Duitsers met elkaar, ze draaien zich om en vertrekken even abrupt als ze gekomen zijn.

Maar de razzia is nog niet afgelopen. Schmitt rijdt regelrecht naar de scheepswerf in Boom, waar hij Rik Van Beneden klist. In Tisselt arresteren de Duitsers Lodewijk Vivys, die een dag eerder zijn achttiende verjaardag heeft gevierd. Ze houden ook zijn één jaar oudere broer August aan die bij het Arbeitsamt werkt. In vliegende vaart rijdt de wagen naar de Kreiskommandantur, die gevestigd is in het gebouw van de gas- en elektriciteitsmaatschappij te Mechelen.

Na een korte ondervraging worden Lodewijk Vivys en zijn dorpsgenoot Louis Alewaters opnieuw in een auto geduwd en via Willebroek naar Breendonk gevoerd, waar ze Marcel De Mol en nog enkele andere medestanders ontmoeten. De koster uit Tisselt moet blootsvoets in de gang op en neer lopen, luidkeels roepend: 'Der Offizier hat gesagt, du sollst laufen.'

In de late namiddag worden de leden van de Zwarte Hand met legerwagens naar de gevangenis aan de Antwerpse Begijnenstraat afgevoerd. Het begin van een lange en dodelijke odyssee.

's Avonds zit Karel Van Acoleyen in zijn stamcafé Sint-Jan in Puurs met de Deltavlag, het kenteken van het VNV, op zijn jas. 'Had ik het niet gezegd? Mijn voorspelling is uitgekomen', zegt hij voldaan tegen de cafébazin.

DE WORSTELAAR

De Gentse ambtenaar Vital Verdickt is een toonbeeld van lijdzaamheid. Hij is al helemaal verzoend met het idee dat het leven goeddeels uit wachten bestaat, wachten tot het tijd is om te eten, wachten tot het appèl voorbij is, wachten tot de SS'ers ophouden met brullen, wachten tot het allemaal achter de rug is, wachten op een wonder. Na ruim één jaar wachten, op 31 oktober, gebeurt het wonder: Verdickt wordt vrijgelaten. Ook de joodse ondernemer Louis Spanbock, het zwarte schaap van Obler, mag naar huis.

Hun vrijlating is minder verrassend dan het op het eerste gezicht lijkt. Sinds de inspectie van enkele hooggeplaatste Duitse legerofficieren in september is het regime iets milder geworden. Zieken mogen sneller naar het ziekenhuis en de kampbewoners mogen opnieuw voedselpakketten ontvangen, waardoor het sterftecijfer gevoelig afneemt. Toch betekent dit niet dat de SIPO/SD minder te zeggen zou hebben. Meer nog, eind oktober wordt Constantin Canaris weggepromoveerd omdat hij te inschikkelijk was voor het Militaire Bestuur. Hij wordt opgevolgd door SS-Sturmbannführer Ernst Ehlers, een 'harde', die tot voor kort commandant was van een Einsatzkommando in de Sovjet-Unie.

In Rusland woedt de oorlog in alle hevigheid, maar de Vlaamse SS'ers in Breendonk geloven rotsvast in de Duitse overwinning. Hoewel ze pas in dienst zijn, voegen ze zich naar het systeem van Prauss alsof ze eronder geboren zijn.

Vooral Wyss wil bewijzen dat hij voor niemand hoeft onder te doen. De gewezen worstelaar heeft de vierkante kin en de stoere kop van een stripheld en zijn tongval verraadt onmiddellijk dat hij uit Antwerpen komt. Wyss lacht veel en hard, vooral om zijn eigen flauwe grappen en gezegden. Eén van zijn favoriete uitspraken: 'We knopen u aan de hoogste bomen op en ze zullen overvloedig vruchten dragen.'

Op een dag zit de Mechelse verzetsman, Norbert Van Eynde, op zijn hurken de toog van de kantine bruin te verven als Wyss daar plotseling binnenkomt. Normaal is Van Eynde voor niets of niemand bang, maar nu verstopt hij zich angstig achter de toog. Hij kan zichzelf horen ademhalen. Wyss drinkt een schnaps en kletst ondertussen met de Duitse soldaat die de kantine openhoudt, een zekere Friedel, over de ontwikkelingen aan het Oostfront. 'Wij, SS'ers, wij vechten tot het bittere einde', zegt Wyss. 'Wat?' onderbreekt Friedel hem. 'Er valt hier verdomme toch niks te vechten?' Hij neemt een slok, spreidt zijn armen uit en zegt: 'Toch niet hier in Breendonk. Als je zo graag wilt vechten, ga dan naar het Oostfront.' Wyss is even helemaal de kluts kwijt. 'Sukkelaars afranselen, daar ben je sterk in. Je moest je schamen', vervolgt Friedel en hij kijkt de SS'er vrank aan. Wyss bromt iets binnensmonds en loopt weg. 'Vechten tot het bittere einde', monkelt Friedel. Hij stapt naar de achterkant van de toog, klopt Van Eynde kameraadschappelijk op de schouder en vraagt: 'Je hebt dit soort flauwekul zeker al meer gehoord, hé?' Van Eynde knikt lijkbleek, zegt dat alles geverfd is en wil zich uit de voeten maken. Maar Friedel houdt hem tegen en stopt hem een stuk brood in de handen. 'Hier, dit is voor u', zegt hij, 'verdeel het maar onder uw makkers in de schrijnwerkerij.'

Marcel De Saffel is uit heel ander hout gesneden dan Wyss. Hij is een rekenaar, een schaker zelfs, iemand die bijzonder koel handelt. Als een soort 'boekhouder van de dood' houdt hij precies bij wie er in Breendonk aankomt en weggaat.

Op donderdag, 20 november roept hij de voormalige radio-journalist Paul Lévy bij zich. 'Wacht eens', zegt Lévy. 'Ik heb je ooit bij de radio-omroep gezien?' 'Ja, dat klopt. Je pro-gramma's waren anti-Duits', antwoordt De Saffel afgemeten. 'Nee, neutraal', verbetert Lévy. De Saffel kijkt hem onder-zoekend aan. 'Dat is pas gevaarlijk', zegt hij. 'Ga je opnieuw voor de radio werken?' En na enige aarzeling: 'Pas maar op je tellen.' Hij zegt het langs zijn neus weg, alsof het maar een bijkomstigheid is. Even later laten de Duitsers Lévy gaan.

Eind november wordt het geleidelijk aan ijzig koud, ook al is Kerstmis nog bijna een maand weg. Het is gaan sneeuwen en de bevroren grond knispert onder de zolen van de gedeti-neerden, alsof een orkest hun schreden begeleidt. Het land-schap ziet er wit, haast nieuw uit. Op de rails beweegt het ver-keer van de kipwagens zich in een trage stroom. Zo nu en dan mindert een wagentje vaart waarbij de sneeuw om de wielen spettert. Het is niet eenvoudig om overeind te blijven, en nog moeilijker om in de pas te blijven lopen. Iedereen is direct verkleumd, doornat en afgemat.

En dan zijn er nog de hatelijke pesterijen van de bewakers en kameroversten. De Brusselaar Eugene Raes, vooraan in de twintig, draagt zijn SS-uniform met zichtbare trots. Op zijn achttiende was hij al lid van het VNV en in mei 1941 voegde hij zich bij de paramilitaire formatie Westland van zijn idool, VNV-leider Staf De Clercq.

Raes neemt er geregeld Ludwig Weill tussen en slaat hem op een goeie dag zelfs alle tanden uit de mond. De correspondent van Reuter lijdt aan acute bloedarmoede en herstelt van een zelfmoordpoging – in wanhoop sneed hij zijn linkerpols met een scheermes over. Menigeen wordt hoe langer hoe zwakker. Cwajer, een joodse advocaat uit Antwerpen, is in enkele maanden meer dan dertig kilo's afgevallen. Zijn kameroverste Leo Schmandt, een Berlijnse 'vaderlandsloze' jood, is daar niet rouwig om: 'Dank de Heer op je blote knieën voor de kosteloze vermageringskuur', zegt hij sarcastisch tegen de advocaat.

De porties voedsel worden steeds kleiner. Niemand weet nog hoe het is om zonder honger te leven. Iedereen is de smaak van kippenbout, sperziebonen en pudding al lang vergeten. Het klinkt absurd, maar men droomt er wel van. In gedachten worden de heerlijkste gerechten bereid. Om de honger te stillen, dringen sommige gedetineerden de stallen binnen die op de binnenplaats liggen, in de hoop er een stuk biet of aardappel te vinden, ook al lopen ze het risico geklist te worden door Frans Amelinckx uit Hingene, die op de koeien past – de varkens laat hij over aan de joodse 'Schweinemeister'. 'Aloïs de koeboer, die een beetje simpel van geest is, geeft een 'dief' zonder pardon bij de SS aan.

Zijn compagnon Robert Baele heeft een andere kijk op 'diefstal'. De Vlaamse SS'er en zijn lief, de jonge Josephine V.N. uit Willebroek, leven op grote voet en laten in de cafés het geld rollen. Dus vult Baele zijn zakken op een simpele manier. Al wat niet te zwaar of te heet is, pikt hij in het magazijn uit de pakketten die familieleden de gevangenen toesturen: horloges, kleren, juwelen, aktetassen, sigaretten, suiker, koffie, en zo meer.

Ook Obler is een profiteur en uitzuiger. Een paar klappen minder, een lichtere job, daar moet men allemaal voor betalen. Wie tegensputtert, krijgt meestal de volle laag. Prausss weet maar al te goed wat Obler uitspookt, maar hij laat hem zijn gang gaan. Daardoor wordt de Oberarbeitsführer steeds gulziger en overmoediger, maar hij is of te dom of te zeer verblind door zijn hebzucht om dat te beseffen. Een gedetineerde tandarts die Jordan heet, moet zelfs de gouden kronen uit de mond van kamergenoten verwijderen.

Ook Schwartzbaum heeft Obler leren kennen. Als Prauss er even tussenuit is, vindt de opgelichte jood de moed om een klacht in te dienen bij Untersturmführer Laïs, de enige ss'er die niet bezwijkt voor 'korpsgeest' en misplaatste loyaliteit, wat hem niet bijzonder populair maakt bij zijn collega's. Laïs denkt en handelt in de eerste plaats als een politieman. Als corruptie en afzetterij een wijdverspreide plaag zijn – en daar is hij aan de hand van de klachten vrijwel zeker van – dan hoort hij daartegen op te treden, al is het maar om het blazoen van het nazisme wat op te poetsen.

Laïs legt Obler op de rooster, maar de Vorarbeiter bekent niet, ook niet onder druk, tot Laïs in zijn strozak en in de varkensstal een schat aan gouden ringen en kunstgebitten vindt. De eens zo gevreesde Arbeitsführer belandt in het cachot dat hij alleen geboeid en onder strenge bewaking mag verlaten. Hij wordt nu, hoe kan het anders, door iedereen beschimpt, al doet hij net of hij het niet hoort.

Alles gaat zijn gewone gang. Het fort is door de barre winter nog meer van de buitenwereld afgesloten dan anders. Het doet de gevangenen deugd dat enkele metselaars bereid zijn brieven naar buiten te smokkelen. De mannen worden jammer genoeg betrapt, in een cel gestopt en gedwongen te werken met een bordje op de rug: 'Ich habe Briefe geschmuggelt.' Toch blijven Louis Moens en Jan De Schutter brieven, geld en kranten binnen- en buitensmokkelen. Een paar mannen pluizen die bladen in het geniep uit en laten dan het belangrijkste nieuws van mond tot mond gaan. Begin december verspreidt 'Radio-Breendonk' het sensationele bericht dat de Japanners Pearl Harbor hebben aangevallen en dat Hitler de Verenigde Staten de oorlog verklaard heeft.

Nazi-gezinde bladen verspreiden triomfantelijke zegebulletins en schrijven dat het Japanse leger als een pletwals over het Verre Oosten rolt. De kampbewoners zijn zo gewend aan die propaganda dat ze er niet te veel geloof aan hechten, maar toch is het nieuws een hele afknapper voor hen. Ondanks alles blijven enkele optimistisch. Ze wijzen erop dat de Duitsers zich terugtrekken onder de Russische aanvallen en dat Hitler op 22 december hoogstpersoonlijk het opperbevel van de troepen heeft overgenomen.

Al bij al wordt Kerstmis niet echt in zalige eenvoud gevierd. Familieleden mogen weliswaar kerstpakketten sturen, maar de ss'ers plunderen ze voor de helft leeg. Tot overmaat van ramp begint het vlak voor nieuwjaar weer te vriezen. Op oudejaarsavond zijn er maar weinig lachende gezichten te zien. Iedereen wacht somber de klok van twaalven af met een hoofd vol wankelmoedige gedachten.

DEEL DRIE | 1942

'Helse rondedans van de aarde!
Zij draait en draait en draait...'

DE PARTIZAAN

Vlak na nieuwjaar is het afgrijselijk weer. Er waait een schrale wind en het is bitter koud in de kamers. De kachels branden niet en de muren zijn vochtiger dan ooit. De gevangenen hebben het gevoel dat ze het nooit meer warm zullen krijgen. Als het van hen afhing, zouden ze met kleren en al in bed kruipen, maar met Prauss kunnen ze dat niet maken.

Het is minder druk dan anders, ook tijdens de weekends. Die verlopen volgens een vast patroon. 's Zaterdagochtends wordt er nog gewerkt en in de namiddag wordt er gedoucht. De smid Karel Carleer, een Duitsgezinde VNV'er uit Londerzeel die voor zevenhonderd frank per week de waterleidingen onderhoudt en allerlei klusjes opknapt, fungeert als badmeester. Douchen middenin de winter is geen lolletje. Eerst wacht je in je blootje je beurt af op de binnenplaats, bibberend van de kou. Daarna trakteert de badmeester je op beurtelings ijskoude en gloeiend hete waterstralen, gewoon om je te pesten. Ten slotte snel snel afdrogen en aankleden en weer op de binnenplaats in de rij gaan staan. Voor Carleer kan het immers niet snel genoeg gaan.

De kapper, een medegevangene, komt veelal 's zondags langs. Elektrische apparaten heeft hij niet, alleen één stuk zeep en één scheermesje per kamer, zodat de gevangenen erom loten wie het eerst geknipt mag worden. De kapper is een trotse man. Liever dan over zijn zorgen praat hij over de geallieerde successen. Over zichzelf zegt hij slechts dit: 'Ik weet zeker dat ik een uur voordat ik sterf nog iemand geknipt heb!'

Om de tijd te doden spelen sommigen kaart of schaak, wat hun alle lust tot praten ontneemt en tot taferelen leidt, waarbij uitgehongerde kamergenoten gespannen over brokken brood – de 'schaakstukken' – gebogen zitten en met een natte vinger de kruimels proberen op te rapen.

In de tweede helft van januari raakt het kamp helemaal in de greep van de winter. De temperatuur daalt tot onder twintig graden. De gracht rond het fort vriest dicht en op de binnenplaats vallen bergen sneeuw. Het is alsof de natuur zich terugtrekt in een schijndood en een boze god een witte loper uitrolt. De Siberische koude dringt onverbiddelijk door de sleetse kleren en schoenen. De gevangenen vermageren zienderogen nu ze geen voedselpakketten meer ontvangen. Het gebrek aan vetstoffen en vitaminen veroorzaakt vele huidziekten en tast het gezichtsvermogen aan. Hoeveel slachtoffers er in deze gruwelijke winter vallen, is moeilijk vast te stellen. Schmitt spreekt over 32 doden, maar in werkelijkheid zijn het er meer.

In dit vriesweer wordt Ludwig Weill voor drie weken in een smalle cel opgesloten zonder matras, zonder deken, zonder licht omdat hij een zelfmoordpoging heeft ondernomen. De voormalige journalist van Reuter zit tegenover zijn vroegere kwelgeest Obler die hij zo vaak heeft vervloekt en dood gewenst. Beul en slachtoffer moeten hetzelfde lot delen en dezelfde hoon en vernedering ondergaan. Zij hebben geen toekomst en geen hoop. Dus hebben ze elkaar weinig te vertellen. Ze mogen niet eens met elkaar praten. Dat is maar goed ook, want Obler is een onverbeterlijke kankeraar. Toch ontstaat er een band niettegenstaande hun wederzijdse afkeer. Geregeld staat Obler een deel van zijn schamele maaltijd af aan de ernstig zieke Weill. Zijn er twee verschillende Oblers? De tijd gaat voorbij. Weill, geplaagd door tuberculose en koorts, wordt opnieuw aan het werk

aan de terrassen gezet. En Obler? De voormalige Arbeitsführer krijgt zijn functie terug. Hij heeft zijn les wel geleerd
en slaat er harder op los dan ooit om in de gunst van de
Duitsers te blijven.

De Duitsers hopen nog steeds op een snelle overwinning,
maar in deze afschuwelijke winter, die niet wil wijken, lopen
de Duitse tanks vast in de eindeloze Russische sneeuwvlakten.
In België komt het gewapende verzet voorgoed van de grond.
In februari doen de partizanen die deel uitmaken van het
linkse Onafhankelijkheidsfront, voor het eerst van zich spreken in de Borinage, waar de leiding in handen is van de oud-
Spanjestrijder Raoul Baligand en de Luikse communist Victor Thonet. Ook het Belgische Legioen, dat veel officieren
en soldaten van het voormalige Belgische leger telt, komt stilaan in actie.

In maart plegen de partizanen een reeks aanslagen op hout-
voorraden en elektrische centrales. Het 'schaduwlegertje'
moet zich behelpen met wat bijeengeraapte wapens. Op een
zondagavond in maart rijden negen gemaskerde mannen
door de sneeuw naar de elektrische centrale van de Charbon-
nage de Bas-Long-Pré. Ze zien enkel de bleke hemel en de
kronkelige boomtakken die zich ernaar uitstrekken. Heel
onverwacht rijst, grimmig en hoekig, de centrale voor hen op.
Uitgerust met een paar pistolen en enkele kilo's dynamiet
lopen de partizanen met stevige passen de weg af. Ze kunnen
het zuigende geluid van hun schoenen horen terwijl ze door
de sneeuw ploeteren. Enkele verzetslieden leiden in de moto-
renhal het personeel naar buiten, andere brengen snel de
springladingen aan. Niet lang daarna weerklinkt een knal.
Het resultaat overtreft de stoutste verwachtingen, want de

elektriciteitstoevoer naar de omliggende mijnen is voor een hele tijd verbroken.

Voor de SS-politie is de maat nu vol. Na een grootscheepse klopjacht arriveren er in Breendonk zoveel 'terroristen' dat er algauw een nijpend tekort aan cellen ontstaat. Schmitt beveelt daarop enkele gevangenen er zeven extra te bouwen in kamer 8. Echt iets voor hem: gevangenen cellen laten bouwen, waarin zijzelf vroeg of laat opgesloten kunnen worden.

De geheimzinnige Schmitt is een man van principes. Er zijn sommige dingen die hij niet pikt. Gebrek aan tucht bijvoorbeeld. De Antwerpse SS'er Jan Pellemans, een tiener van negentien, staat erom bekend nogal nonchalant te zijn en wel eens te laat te komen. Niet voor niets wordt hij 'De Dromer' genoemd.

Op paasmaandag, 6 april, verlaat Pellemans voortijdig zijn post. Zo kan het niet langer. Schmitt stopt 'De Dromer' voor één nacht in de cel en ontneemt hem zijn comfortabele baantje van kantoorbediende. Pellemans mag voortaan toezicht gaan houden op de 'betondragers', die zware blokken op hun schouders naar de gracht sjouwen.

In de vroege ochtend van 10 april omsingelt de Gestapo in Tihange de woning van de bekende communist Léon Kinable. De verzetsman was de avond tevoren naar huis teruggekeerd om zijn zieke moeder te bezoeken. Ze was blij hem te zien en nog meer verheugd toen hij zei dat hij van plan was een paar dagen te blijven. Kinable vervloekt zichzelf. Hoe kon hij zo stom zijn? Hij tracht nog weg te komen, maar hij heeft geen schijn van kans. Ook zijn vriend Evrard Remacle wordt opgepakt, terwijl hij aan het werken is in de Ateliers Mécaniques d'Ampsin. 'We zijn erin geluisd', concludeert Remacle.

Om tien uur staan Remacle en Kinable al op het binnenplein van de hooggelegen vesting van Hoei. Vandaar worden de twee op 6 mei samen met een veertigtal anderen naar Breendonk overgebracht. Bij hun aankomst staat het fort in rep en roer. Van overal waaien politieke gevangenen binnen, tachtig in totaal.

Wat voeren de Duitsers in het schild? De kampbewoners hebben er geen flauw vermoeden van dat het Oberkommando van de Wehrmacht enkele maanden geleden de beruchte 'Nacht und Nebel Erlass' heeft uitgevaardigd, waarin gestipuleerd wordt dat verzetslieden voortaan massaal en spoorloos in concentratiekampen zullen verdwijnen.

Op vrijdag, 8 mei, om negen uur 's ochtends verlaten honderdtwintig gevangenen het fort. In de late voormiddag zitten ze al op de trein.

Twee dagen later staan de gedeporteerden voor de ingang van het Oostenrijkse concentratiekamp Mauthausen. Het is de dag waarop de Belgen de tweede verjaardag van de Duitse inval herdenken. Het is zacht weer en de mensen doen wat ze elke zondag doen. Ze flaneren en strijken neer op een van de vele caféterrasjes waar ze vrienden begroeten en samen een pint drinken. Het verschil met andere zondagen is dat het vandaag wemelt van de politie die alle patriottische demonstraties heeft verboden, tot en met het dragen van driekleurige lintjes.

In Willebroek houdt Prauss een oogje in het zeil. Vlakbij de brug over het kanaal doemen twee onvast zwabberende Belgische politieagenten op. Nog voordat Prauss iets heeft kunnen zeggen, tonen ze hem hun identiteitsbewijzen. 'Normale mensen zijn nu thuis', zegt de luitenant, terwijl hij de twee ingespannen bestudeert. 'Dronken op straat lopen is strafbaar', voegt hij eraan toe. Arm in arm wankelen de twee agenten verder. 'Kom mee', zegt Prauss ten teken dat hij het gesprek als afgelopen beschouwt. 'U mag uw roes in het fort uitslapen.' Het is of de duivel ermee gemoeid is want die nacht valt daar de stroom uit. Het is overal donker. Pas de volgende ochtend mogen de agenten weer naar huis. Eén ding weten ze zeker: daar willen ze nooit meer een voet zetten.

Het heeft heel wat moeite gekost, maar op 12 mei ondertekent SIPO-chef Ehlers eindelijk het kampreglement. Wat houdt dat zoal in? Dat de gedetineerden dwangarbeid moeten verrichten. Dat de SIPO binnen 48 uur de aankomst van een nieuwe gevangene aan het Militaire Bestuur moet melden. Dat de kampcommandant het volste recht heeft iemand een maand lang in zijn eentje in een cel op te sluiten. Dat een gedetineerde in principe eens per maand een brief mag schrijven en tweemaal per maand een pakket van 2,5 kilo mag ontvangen. Dat de SIPO deze 'gunsten' steeds kan afschaffen. Dat een zieke zich tijdens het appèl bij de dokter mag melden. Dat de kampcommandant daar echter anders over kan beslissen. Dat bezoek verboden is. Enzovoort. In het reglement wordt tot slot een vrome wens uitgedrukt: 'De behandeling van de gedetineerden moet streng maar rechtvaardig zijn; het is verboden hen te mishandelen; geweld is slechts geoorloofd in geval van opstandigheid.'

Wie dacht dat het reglement veel zou veranderen heeft het mis. Het Militaire Bestuur controleert immers niet of de SIPO en de kampcommandant zich aan de regels houden. Uiteindelijk is het voor von Falkenhausen belangrijk dat Schmitt in goede en kwade dagen tot de beschikking van het Derde Rijk staat, ook als hij dingen uitvreet die niet helemaal volgens het boekje zijn. In feite is het reglement een tot niets verplichtend vodje papier. De gevangenen weten niet eens dat het bestaat.

DE TYPISTE

Als Marcel De Saffel op 7 juni naar zijn werk gaat, ziet hij op het dak van het fort de hakenkruisvlag halfstok hangen. Dat is vreemd. Even later verneemt de Vlaamse SS'er wat er aan de hand is. Twee Tsjechische verzetslieden hebben een dodelijke aanslag gepleegd op Reinhard Heydrich, de chef van de veiligheidspolitie en van de SD.

De Saffel werkt op het bureau. Plotseling klopt iemand aan. In de deuropening verschijnt een vrouw van een jaar of dertig. Ze heeft bruin haar, donkere ogen en een bekoorlijk gezicht. 'Ik ben Ilse Birckholz, de nieuwe typiste', zegt ze. De Saffel werpt een blik op de vrouw die inderdaad de moeite van het bekijken waard is. 'Heeft mijn man u niet verteld, dat ik hier kom werken?' Mevrouw Schmitt kan tevreden zijn over de indruk, die haar mededeling op De Saffel maakt. De Vlaamse SS'er zegt niet veel, want hij weet uit ervaring dat hij daar flink wat last door zou kunnen krijgen.

De komst van Ilse Birckholz zorgt voor de nodige deining. De meeste gevangenen hebben geen goed woord voor haar over. Zit zij niet grinnikend naar hen te gluren als ze gaan douchen? Ze is de vrouw van de gehate kampcommandant, punt uit. Er lopen allerlei geruchten over het koppel. Het is een publiek geheim dat de commandant iets heeft met de vrouw van Frans Thierens, een aannemer en overtuigd SS'er uit Breendonk. Schmitt zit vaak tot in de kleine uurtjes in de kroegen en is geregeld te vinden in het Casino of op een of ander feestje van de familie Philips. En als de speelzalen gesloten zijn en zelfs de bars in Willebroek zijn dichtgegaan, is er altijd nog gelegenheid voor een spelletje 'onder vrienden' in de hotels of in 'het kasteeltje' waar Schmitt logeert.

In de zomer van 1942 verplicht de bezetter alle joden op hun linkerborst een gele ster te dragen. Het slachtvee is bijeengedreven en wordt nu gemerkt. De repressie drijft vele jongeren naar het gewapende verzet. In de Brusselse en Waalse industriegebieden neemt het aantal gewapende aanslagen en sabotagedaden dan ook hand over hand toe. Zo blazen twee verzetslieden op 22 juni het grote gebouw van de Gestapo in Charleroi op.

Deze stoutmoedige actie zindert nog na bij de chef van de ss-politie, Ernst Ehlers, als hij tien dagen later, op 2 juli, in Breendonk op visite is. Na de recente deportatie van achttien gevangenen naar Mauthausen verblijven er nu nog 153 gedetineerden in het fort. Ehlers en de rechterhand van de militaire gouverneur, von Craushaar, zien dat ze zich in een deerniswekkende staat bevinden. Dat merkt ook Pohl, de nieuwe legerarts. Terwijl hij door het kamp loopt, wijzen sommige gevangenen naar hun mond, gebarend dat ze honger hebben. Andere zijn zo ondervoed dat ze de robotbewegingen van slaapwandelaars maken en hun ogen zien eruit als zwarte gaten.

Het officiële voedselrantsoen bestaat uit 250 gram brood, 110 gram boter, 50 gram suiker, 20 gram vlees, 15 gram marmelade, 200 gram aardappelen en 200 gram groenten, maar Pohl is niet achterlijk. Hij weet dat de gevangenen dit allemaal niet krijgen. Eén ding is zeker: het ligt niet aan de kok, Louis Moens, een slager uit Willebroek, die door een plaatselijk lid van de DeVlag, Joris Van Den Bulcke, min of meer werd gedwongen de baan aan te nemen. Moens is eerlijk en anti-Duits en dat is al heel wat. Koken kan hij als de beste, maar hij krijgt veel te weinig groenten en andere voedingsmiddelen en, wat even erg is, de Berlijnse SS'er Ernst Normann heeft lange vingers. Op een keer slaagt hij erin zomaar eenderde van anderhalve ton wortelen te laten verdwijnen.

Buiten het fort gaat het met de joden van kwaad tot erger. Hun bewegingsvrijheid wordt stelselmatig beperkt. Vanaf 12 juli mogen ze in Antwerpen niet langer openbare gebouwen, bioscopen en schouwburgen betreden. Daarna wordt hun ieder tramverkeer verboden. En ten slotte worden de joodse mannen gevorderd om aan de Atlantikwall in Noord-Frankrijk te gaan werken. En dat is nog niet alles.

Op woensdag, 22 juli arriveert er om 16.30 uur een trein uit Brussel in het Antwerpse Centraal Station. Een stroom van reizigers begeeft zich naar de stationshal. Halverwege blijven de mensen plotseling staan. Wat gebeurt er? Enkele Feldgendarmen in uniform maken zich uit de massa los en pakken iedereen op die een ster draagt. Ze leiden de joden naar buiten, banen zich een weg door de mompelende mensenmassa en duwen de arrestanten in de vrachtwagens die in de Pelikaanstraat klaarstaan. 'Wat is hier verdomme aan de hand?' vraagt een toeschouwer. 'We zijn bezig met een filmopname', antwoordt een Feldgendarm. 'Jullie zijn gek geworden', reageert de Antwerpenaar. 'Dit is Duitsland niet.' 'Hou je mond', zegt de Duitser en trekt het portier dicht.

In volle vaart rijden de vrachtwagens door de drukke binnenstad en nemen vervolgens de kortste route naar Breendonk, waar ze rond tien voor acht 's avonds 164 joodse arrestanten afleveren.

DE SCHOLIER

Op dat ogenblik logeert Israel Rosengarten, pas zestien, bij
zijn oudere broer Samuel, die naar Charleroi is gevlucht om
aan de verplichte tewerkstelling in Noord-Frankrijk te ontkomen. Hun ouders, uitgeweken Poolse joden, wonen in de
Kroonstraat te Antwerpen. Vader, een diamantsnijder, heeft
het niet breed. Moeder is een mooie vrouw met een open
gezicht, grote weemoedige ogen en zwart haar. Ze moet
knokken om de boel een beetje bij elkaar te houden.

Samen herdenken de broers op donderdag, 23 juli de verwoes-
ting van de heilige tempel in Jeruzalem. Het is een joodse treur-
en vastendag. In de namiddag reist Israel naar Brussel. In het
Noordstation stapt hij uit om er de trein naar Antwerpen te
nemen. Op het perron ziet het zwart van de mensen. Israel staat
daar met zijn tas in de hand, een schooljongen met een mager
gezicht, een hoog voorhoofd en krachtige kaken.

Even later vertrekt de trein. Israel is nog maar net gaan zitten
als Duitsers in burger de wagon binnenstormen. Ondanks de
hitte hebben ze een overjas aan en een hoed op. 'Politie', zegt
iemand met een rauwe stem. 'Ik wil jullie papieren zien.'
'Het is de Gestapo', flitst het door Israels hoofd. Tijd om na
te denken heeft hij niet. Hij wordt samen met andere joodse
reizigers samengepropt in de open laadbak van een vrachtwagen.

Na een korte rit arriveren ze in Breendonk. 'Eruit, eruit',
brullen de bewakers. De opgepakte joden worden naar de
binnenplaats geleid. 'Omdraaien, gezicht tegen de muur,
benen uit elkaar, handen hoog boven het hoofd.' Vlaamse
SS'ers nemen iedereen in gebroken Duits een verhoor af.
'Hoe heet je?' vragen ze Israel. 'Kun je je legitimeren?' 'Waar
woon je?' 'Wat doe je in Antwerpen?' 'Heb je familie?' De

SS'ers trommelen met hun vingers op het bureau. Ze willen alles weten. 'Wat is je beroep?' 'Waarom nam je de trein?' De jongen begrijpt dat ze gevaarlijk zijn en antwoordt zo kalm en ontwijkend mogelijk.

Het wordt avond en daarna nacht. Een kille nacht. De ondervragingen gaan verder. Niemand waagt het de handen te laten zakken. Israel is bekaf, maar hij houdt vol. Pas de volgende ochtend houden de SS'ers het voor gezien. Rosengarten wordt naar kamer 5 gebracht, waar een kleine veertig lotgenoten hem nieuwsgierig aanstaren. Wat Rosengarten niet weet is dat ook Lunia Schiff op dat moment in Breendonk zit. Schiff is een 19-jarig meisje met regelmatige gelaatstrekken en donker, piekerig haar dat slordig zit alsof ze er haar vingers doorheen gehaald heeft. Israel kent haar zeer goed, want hij heeft met haar broer Tobias in de klas gezeten.

Doordat Breendonk afgeladen vol zit, krijgt Schmitt van de Brusselse SIPO/SD het bevel om met bekwame spoed de Mechelse Dossin-kazerne als 'Sammellager' in te richten. Een handvol Duitse en Vlaamse SS'ers en een contingent soldaten worden daarvoor aan de commandant toegewezen. De jonge jodinnen Eva Dobruskes en Lunia Schiff worden naar Mechelen verplaatst om er administratief werk te doen.

Alles loopt op wieltjes. Op 27 juli arriveren al de eerste joden. Sommige werden tijdens de razzia's van de voorbije week opgepakt. Andere melden zich met een 'tewerkstellingskaart', die ze via de Joodse Raad hebben ontvangen. In het kantoor keert een Duitser hen zowat binnenstebuiten. Hij kijkt zelfs in de bloes van de vrouwen. Alle bezittingen, inclusief juwelen en geld, kwakt hij in een zak. Nog steeds omringd door SS-mannen worden de joden vervolgens naar een kale zaal gebracht, waar mannen, vrouwen en kinderen schots en scheef door elkaar moeten slapen. Op dinsdag, 4 augustus is het zover. Welgeteld 998 joden, waaronder 140 kinderen, vertrekken naar het uitroeiingskamp Auschwitz. De deportatietrein is voorgoed vertrokken.

Op dat ogenblik drentelt de jonge Israel Rosengarten in kamer 5 in Breendonk nerveus op en neer. Sinds zijn arrestatie heeft hij niets meer van zijn familie gehoord en hij voelt zich hulpeloos en verlaten. De uren slepen zich voort, af en toe onderbroken door het gezang van een zekere Koplowitz, een operazanger, die met zijn vrouw in de aangrenzende kamer zit en op de onverwachtste tijdstippen een aria aanheft. 's Morgens mag Rosengarten even een luchtje scheppen. Opeens ziet hij een joodse jongen van zijn leeftijd in de richting van Prauss stappen en salueren. 'Herr Untersturmführer', zegt de jongen nederig, 'ik ben een zadelmaker, kan ik soms iets voor u doen?' Prauss geeft de jongen een paar zweepslagen en zegt: 'Dat komt ervan als jullie rotjoden niet blijven waar je hoort.' 'Ik kan alles maken waar u om vraagt', mompelt de jongen. Prauss zwijgt verrast en neemt hem aandachtig op. 'Wacht eens even', zegt hij, 'kun je een zweep repareren?' De jongen kleurt een beetje. 'Natuurlijk', zegt hij aarzelend. 'Deze zweep is oud, de rafels hangen erbij. Pas op als je ze niet goed herstelt', snauwt de luitenant. De jongen doet zijn best en Prauss is dermate in de wolken over het resultaat dat de jongen een extra portie brood krijgt.

DE OPERAZANGER

Op 15 augustus, moederdag, vertrekt vanuit Mechelen voor de derde keer een konvooi van duizend joden naar Auschwitz. Toch vindt de SIPO/SD dat het allemaal niet snel genoeg gaat.

Rond tien uur 's avonds rijden de Duitsers de joodse wijk naast het Antwerpse Centraal Station binnen. Alle leden van de Feldgendarmerie en de SS-politie die ingezet kunnen worden, zijn op de been. Ook een vijftigtal Antwerpse politie-agenten is opgetrommeld om de zone rond de Lange Kievit-straat, Provinciestraat en Somerstraat af te grendelen.

Het is al donker als de Duitsers op de deuren bonken. Vele joodse gezinnen zitten op deze vrijdagavond nog aan tafel. De Duitsers krijgen hen als op een presenteerblaadje aangeboden. Om middernacht is de razzia nog steeds aan de gang. Agenten in burger en in uniform schudden honderden mensen wakker, dwingen hen uit bed te komen en vragen om legitimatiebewij-zen. Niemand wordt gespaard, ook kinderen en ouden van dagen niet. Vrouwen in nachtjapon moeten snel iets fatsoen-lijks aantrekken. Overal hoort men geschreeuw en kinderge-huil. De vrachtwagens rijden de joodse wijk uit en brengen zo'n duizend slachtoffers naar allerlei verzamelplaatsen.

Het ergste moet nog komen. Op 18 augustus vertrekt alweer een konvooi vanuit Mechelen, ditmaal met 287 kinderen. Ook vader Frydman, Schmitts gewaardeerde kleermaker in Breendonk, is erbij. Schmitt arriveert in de Dossin-kazerne net nadat de trein vertrokken is. 'Het is jammer', zegt hij laconiek.

Op 27 en 28 augustus worden in Antwerpen alweer razzia's gehouden. Na de avondklok slaat de SS-politie toe. Wijken worden afgezet en huizen stelselmatig doorzocht. Vervolgens wordt een deel van de slachtoffers met gereedstaande vracht-wagens naar de Dossin-kazerne afgevoerd. Een ander deel komt in Breendonk terecht. Onder hen bevindt zich een hon-derdtal vrouwen die in donkere barakken op de binnenkoer worden ondergebracht. Enkele dagen later verhuizen ze naar Mechelen.

Vandaar vertrekken nu gemiddeld twee konvooien per week naar Auschwitz. De ongelukkigen hebben in het beste geval eten voor een paar dagen, wat water en een toiletemmer. Op dinsdag, 1 september vertrekt het zevende konvooi. Onder de duizend gedeporteerden bevinden zich de moeder en de drie broertjes van Israel Rosengarten.

Israel heeft de afgelopen weken verscheidene vrienden zien vertrekken en hij voelt zich rot. Alleen de gedachte dat hij zijn ouders ooit terug zal zien, houdt hem overeind. Hij staart door het tralievenster naar het gewriemel op de binnenplaats. Het komen en gaan van de gedetineerden is niet erg hoopgevend, maar het leidt hem tenminste een beetje af. Eensklaps hoort Israel ss'ers in het Duits bevelen schreeuwen. De bewakers kwakken 41 nieuwelingen hardhandig tegen de muur. De mannen blijven doodstil staan, de benen uit elkaar. Achteraf verneemt Rosengarten dat het om postbeambten van Brussel 1 gaat, een haard van verzet. De hoofdpostontvanger Paul De Winter, gesteund door de meerderheid van het personeel, weigerde zich aan de Duitse censuur te onderwerpen. Bovendien staakte het postpersoneel tweemaal, verspreidde het clandestiene drukwerk en opende het Duitse brieven. Geen wonder dat de Gestapo de Brusselse postbeambten als 'staatsgevaarlijke elementen' beschouwt.
Ze worden geregistreerd en van hun bezittingen beroofd. Désiré Piens, een droogkomiek, geeft met tegenzin zijn spullen af, onder andere een dure vulpen. De ss'er bekijkt de pen aandachtig, gooit ze in een zak en zegt: 'Wat een rommel.' 'U hebt gelijk', zegt Piens, 'ze komt niet voor niets uit Duitsland!' Hij incasseert een oplawaai. Net als zijn collega's krijgt Piens een tot op de draad versleten soldatenplunje met op de achterkant het kenteken van politieke gevangene.

De volgende dag maken de postbeambten, die over het algemeen veertig jaar of ouder zijn, kennis met het zware werk. Voor hen ligt een uitgestrekte, zanderige vlakte, waar ze hun volle wagens doorheen moeten duwen. Hoewel ze niet kleinzerig zijn, snakken sommige na een tijdje naar adem. De Vlaamse SS'ers Raes, Wyss en De Bodt kijken spottend toe. 'Wat moeten we met die luiaards beginnen? We zullen hen eens leren werken. Ha ha.' Richard De Bodt, 34 jaar en pas in dienst, heeft er plezier in. De voormalige sluiswachter van Hingene heeft de schouders van een zwaargewicht, enorme handen en ontevreden ogen.

Op zondag, 4 september hoeven de postboden niet te werken. Dus zouden ze blij en opgewekt moeten zijn. Maar dat zijn ze niet. Ze zitten zwijgend tegenover elkaar in kamer 7. Opeens roept Lemaître: 'Alles komt altijd op zijn pootjes terecht, dat heb ik van mijn vader geleerd. Laten we wat moppen vertellen. Dat zal ons opbeuren.' Lemaître heeft lange tijd in de Brusselse Wapenstraat gewerkt en heeft daar heel wat beleefd.

'Ik moest eens een brief bezorgen aan een zekere Ceuppens', vertelt hij. 'Ik bel bij hem aan en een vrouw opent de voordeur. 'Kent u meneer Ceuppens?' vraag ik haar. 'Nee', zegt ze zonder aarzelen. 'Ik heb die man nog nooit gezien.' Haar stem klinkt overtuigend. Ik wil vertrekken als haar man naar binnen stapt. 'Zeg Jef, ken jij een zekere Ceuppens?' vraagt ze hem op een toon die aangeeft dat ze het een onnozele naam vindt. 'Natuurlijk', zegt Jef, 'zo heet ik toch, weet je dat niet?' Hij loopt op mij toe en neemt de brief aan. De vrouw begint zich op te winden. 'Moet ik misschien naar de politie gaan om te weten hoe je heet?' Ze slaat met haar vlakke hand op de tafel en probeert de brief uit de handen van haar man te graaien. 'Komt die brief van een andere vrouw?' Zo ratelt Lemaître urenlang door. Als entertainer is hij goud waard.

Iets verder, in kamer 5, hoort de jonge Israel Rosengarten in de gang doffe voetstappen, het knarsen van sloten, het open- en dichtgooien van poorten. Hij is aan die geluiden gewend want in het fort kraakt en knarst het altijd en overal. Iedere voetstap gaat er met een akelige echo gepaard. De voetstappen komen naderbij en eensklaps stappen ss'ers met veel gebulder de kamer binnen. 'Raus', roepen ze. 'Los. Los.' De ss'ers leiden Rosengarten en elf van zijn kamergenoten naar de uitgang van het fort. 'Einsteigen', bevelen ze. Rechtop in de laadbak, rijden ze hobbelend naar de Dossin-kazerne.

Daar ontmoet Israel Rosengarten tot zijn opluchting een paar kennissen. Ze vertellen hem dat ze iets speciaals voor hem hebben. Zonder uitleg stoppen ze hem een groene rugzak toe. Israel snapt het niet. 'Dat heeft uw moeder voor u achtergelaten', zeggen ze. In één klap stort Israels wereld in elkaar. Pas na enkele dagen vindt hij de moed om te kijken wat er in de rugzak zit. Hij vindt er een paar hemden, wat ondergoed, een paar houten klompen en stevige schoenen in.

Op de avond van 7 september is in de Dossin-kazerne een groots afscheidsfeest geprogrammeerd. Met wat planken en kisten, die timmerlieden hebben laten rondslingeren, bouwen enkele creatieve gevangenen een krakkemikkig podium, waarop ze een paar korte, komische sketches opvoeren. Het hoogtepunt van de avond is het optreden van Koplowitz, de operazanger. Terwijl de ss'ers goedmoedig toekijken, geeft hij een lied ten beste dat door merg en been snijdt zodat velen hun tranen niet kunnen bedwingen.

's Nachts worden Rosengarten, Koplowitz, 238 kinderen en nog zo'n 740 andere joden al om drie uur gewekt. Ze moeten zich snel aankleden. Twee uur later brengen vrachtwagens hen naar het station van Mechelen. De lange reis naar de dood kan beginnen.

DE POSTBEAMBTE

De Zugführer van kamer 7 is een onvervalste Limburger, die zijn benoeming te danken heeft aan luitenant Prauss, met wie hij op goede voet staat. Nu eens laat hij zich 'Begrepen' noemen, dan weer Balthazar, maar zijn echte naam is Hermans. René Hermans. Mensen die hem kennen, zeggen dat hij een grote mond heeft en zichzelf graag hoort praten. Hermans is in de twintig, nogal klein en opvliegend. Hij woonde voor de oorlog in Hasselt en was een onopvallende beroepsofficier in het Belgische leger. Hij zit al enkele maanden in Breendonk omdat hij naar eigen zeggen actief was in het Nationale Legioen.

'Noem me maar René', zegt hij gemoedelijk. 'Ik ben een gevangene zoals u. U kunt me voor honderd procent vertrouwen.' De postbeambten zijn nog niet lang in Breendonk, maar ze weten toch al dat het onverstandig is een kameroverste zomaar op zijn woord te geloven. Ze zeggen daarom niet meer dan absoluut noodzakelijk is en ze luisteren geduldig naar zijn monoloog. 'Luister', zegt hij op de toon van een schoolmeester. 'U weet wel wanneer u hier binnenkomt maar niet wanneer u er weer uitkomt. Begrepen?' De postbeambten kijken hem aan met een mengeling van afkeer en nieuwsgierigheid. 'De Duitsers zijn verschrikkelijk streng, knoop dat goed in uw oren. Het enige wat mag, is luisteren en gehoorzamen.' Hermans laat zijn stem dalen en vervolgt: 'U hebt hier geen rechten. Begrepen? Trouwens hoe zou u ooit uw rechten kunnen laten gelden tegenover een Duitse SS'er, terwijl dat al niet eens mogelijk is tegenover een Vlaamse SS'er.' De kameroverste geeft nog één goede raad: 'Reageer vooral niet als u een pak rammel krijgt. Begrepen?'

De Zugführer ratelt maar door en besluit elke mededeling met 'begrepen?' De postbeambten begrijpen maar twee dingen. Ten eerste: Hermans heult met de Duitsers. Ten tweede: ze moeten op de een of andere manier zijn woordenvloed zien te stuiten. Ten slotte vinden ze een praktische oplossing. Ze beginnen hem allerlei vragen te stellen. 'Mag men ons zomaar slaan?' vraagt iemand. 'Wat bedoel je? Was ik dan niet duidelijk genoeg?' bromt Hermans verontwaardigd. 'Of druk ik me niet goed uit? Praat me niet over slaan. Hier wordt niet geslagen. Ik verzeker u, het loopt slecht met u af als u iets anders durft te beweren.' 'Mogen de vrouwen brieven sturen?' 'Dat is toegestaan', repliceert de kameroverste. 'Het is echter maar de vraag of u die zult ontvangen.' 'En boeken of kranten?' 'Wat wil meneer nog allemaal? Een leunstoel soms? Of kreeft bij het avondeten?' proest Hermans. 'U zit hier in Breendonk, beste vriend, vergist u zich daar niet in.' Daarmee is het gesprek afgelopen.

Hermans neemt een doosje, waarin hij stiekem sigaren, sigaretten en aanstekers heeft verstopt, want ondanks zijn goede relaties met de kampleiding wil hij niet dat zijn handeltje aan het licht komt. Hij steekt een sigaret op en lijkt best tevreden met de wereld en zijn verwachtingen voor de toekomst. Terwijl hij diep inhaleert en langzaam de rook in kringetjes uitblaast, legt hij uit wat de postbeambten moeten doen als ze naar het toilet moeten. 'Ga in de houding staan op drie passen afstand van de ss'er, zeg luid maar beleefd: Herr ss-Mann, bitte austreten zu dürfen en maak dan linksomkeert.'

De verbouwereerde postbeambten moeten de Duitse zin hardop herhalen tot ze hem onberispelijk uit kunnen spreken. Voor de meeste Vlamingen is dat kinderspel, maar sommige Franstaligen struikelen om de haverklap over de vreemde woorden. Julien Boumal, een oorlogsinvalide uit Luik, slaagt er maar niet in zonder Frans accent te spreken en wat erger is, hij blijft hardnekkig 'devoir' in plaats van 'dürfen' zeggen. Het begint Hermans op de zenuwen te werken. 'Denk erom, ik laat niet met me sollen', zegt hij dreigend.

Het enige wat de Brusselaars snel onder de knie hebben is het ritueel van het appèl. Na het ochtendappèl moeten de gevangenen zich in rijen opstellen, de joden vooraan. Prauss posteert zich met een triomfantelijke uitdrukking op het gezicht aan het hoofd van de groep. Het is net alsof hij een leger aanvoert. Dan geeft hij het commando: 'Vorwärts! Marsch!' Terwijl de colonnes in gesloten slagorde naar het werk marcheren, moeten de joden het lied zingen, dat in 1938 door een gevangene van Buchenwald gecomponeerd werd op bevel van Sturmbannführer Rödl, die hiervoor tien mark betaalde. Luid weerklinkt het aangepaste weemoedige refrein:

Ach, Breendonk, ik kan u niet vergeten
Want u bent mijn noodlot
Alleen wie de vrijheid verspeelt, beseft
Hoe wonderlijk mooi die is

Ach Breendonk, we kermen en klagen niet
Wat voor lot er ons ook wacht
We willen ondanks alles ja zeggen tegen het leven
Want op een dag zijn we weer vrij

Hermans en de ss'ers laten de oudste Brusselaars, Julien Boumal en Paul Claeys, het zware werk met de smalspoorkarren doen. Op een vlak terrein zou het duwen van de wagens al een hele toer zijn, maar de postbeambten moeten ook nog een steile, gladde helling op zonder enige steun voor handen en voeten. Vervolgens moeten ze een eind verderop via een wankel bruggetje over de gracht. Onderweg worden ze geregeld op stokslagen getrakteerd door Wyss en De Bodt die niet alleen slaan als Prauss voorbijkomt, maar ook zomaar als een zwaargeladen smalspoorkar in een bocht ontspoort of eenvoudig uit machtswellust.

Een keer vraagt een gedetineerde keurig volgens de regels aan Wyss of hij naar het toilet mag gaan. 'Achteruit en luider', tiert de Antwerpse SS'er. De ongelukkige gaat enkele stappen achteruit en herhaalt zijn vraag. Wyss blijft maar roepen: 'Achteruit en luider.' De arme stakker deinst verder en verder achteruit en formuleert almaar indringender zijn verzoek. Ten slotte stuift Wyss op hem af, geeft hem er flink van langs en zegt smalend, terwijl hij de slappe lach krijgt: 'Nu zal hij het wel in zijn broek gedaan hebben.'

Bij slecht weer of op zondagen verplicht Hermans de postbeambten 'gymnastiekoefeningen' te doen op de met kiezelsteentjes bezaaide binnenplaats. Hermans is eerzuchtig. Hij gelooft dat hij kans maakt om hoofdopzichter te worden. Dus jaagt hij iedereen op om in een goed blaadje bij de Duitsers te staan. Springen! Hurken! Opstaan! Hurken! Opstaan! Knielen! Opstaan! Plat op je buik! Opstaan! Je moet al een goedgetrainde atleet zijn om dit soort gymnastiek langer dan vijf minuten vol te kunnen houden. 's Avonds vragen de Brusselaars zich vertwijfeld af hoe lang ze het nog uit zullen houden. 'Als we geluk hebben, leven we misschien een beetje langer dan verwacht', zegt Constant Lemaître die tijdens de poststaking een cruciale rol speelde. Een beetje langer. Hoe lang? Een paar weken? Enkele maanden?

Op een morgen doet De Bodt een beroep op Lemaître om in het station van Willebroek kolen te lossen. Lemaître en zeven medegevangenen rijden de hele ochtend met een vrachtauto

heen en weer, van het station naar het fort. De mensen her-
kennen De Bodt. Alleen daarom al verbaast het Lemaître dat
de dorpsbewoners hen zo hartelijk begroeten alsof ze kennissen zijn, die ze lange tijd niet gezien hebben. Na een paar ritten roepen de kinderen, als ze de vrachtwagen zien naderen:
'Mama, ze zijn daar!' Zonder iets te zeggen en zonder zich
om De Bodt te bekommeren, geven de vrouwen een pakje
boterhammen aan de gevangenen. Bovenop de kolenwagon
eten ze gulzig de boterhammen op, terwijl De Bodt wijd-
beens voor de trein staat met zijn handen op de rug en een
revolver tussen de broekriem. Lemaître recht zijn rug en
proeft even van de vrijheid. Je kan de pot op, smeerlap, lijkt
hij te denken.

Eind september 1942 ziet Lemaître een nieuwe SS'er met
een nors gezicht op de binnenplaats staan. Het is een grote,
sterke kerel met handen als kolenschoppen, ongeveer 45 jaar
oud. Hans Kantschuster, zo heet de man, is afkomstig uit
Dachau. Hij moet zich flink geweerd hebben aan het Oostfront, want hij krijgt meteen de functie van plaatsvervan-
gend kampchef.

Enkele dagen later strompelt Guldinckx uit Laken kermend
kamer 7 binnen. 'Kantschuster zag me, vanachter een heu-
veltje, een suikerbiet pikken', vertelt Guldinckx met horten
en stoten. 'Hij kwam schreeuwend achter me aan, fouilleer-
de me, maar vond niets, want ik had de biet ongezien door
het tralievenster naar binnen gegooid.' De postbeambte
kijkt naar iets op de grond. Het is niet duidelijk of hij huilt.
'De luitenant was razend, nam zijn zweep en sloeg me zo
hard hij kon.' Er valt een korte stilte. 'Maar de suikerbiet
heeft hij me toch niet kunnen ontfutselen', zucht hij met een
pijnlijke grimas.

DE PIANISTE

Op 1 oktober brengt de SS-politie een nieuwe partij verzetsstrijders naar binnen. Om de politieke gevangenen aan de
tand te voelen, richt de SIPO een speciale martelkamer in. De
zogenaamde 'bunker' ligt aan de westelijke kant van het kamp
en is enkel bereikbaar via een smalle, donkere gang. Er zitten
geen vensters in het vertrek en er wordt nooit gelucht, zodat
er een muffe geur als van rotte eieren hangt. De inrichting is
sober: een tafel, een krukje en een katrol die door de smid
Karel Carleer aan het plafond werd bevestigd. Wrang detail:
gevangenen hebben moeten meewerken aan de bouw van 'de
bunker'. Michel De Breyne uit Schelle, die midden 1942 aangehouden werd tijdens een razzia op de Inter-Escaut, heeft de
elektrische bedrading aangebracht en Henri Van Deuren, een
helper van de smid Carleer, heeft een van de ingangen dicht-
gemetseld. Van Deuren heeft pech. Hij moet ook, of hij wil of
niet, enkele extra cellen in de kamers 8 en 9 bouwen, zodat er
in totaal 32 voor 'de zware gevallen' of 'arrestanten' beschik-
baar zullen zijn. De cellen, ongeveer anderhalve vierkante
meter groot, zouden als kolenhok gebruikt kunnen worden.
Aan het plafond hangt een lamp die een gelig licht verspreidt.
In één van de cellen verblijft sinds begin september Elisabeth
Sneyers, 29 jaar, een advocate uit Brussel en sympathisante
van het Onafhankelijkheidsfront. Vlak bij haar zit Mira
Sokol, een kranige en intelligente vrouw die eigenlijk Mirjam
Rachlin heet en in het getto van Wilna geboren is. In het
begin van de jaren dertig studeerde ze sociologie aan de Brusselse Universiteit, waar ze haar man Hersch Sokol ontmoette,
die zich als kinderarts specialiseerde. Zoals zo veel vreemde-
lingen konden de Sokols hun beroep niet uitoefenen. Vandaar dat Mira aan de slag ging als secretaresse van het socia-

listische parlementslid Isabelle Blume, terwijl Hirsch als vertegenwoordiger van medische artikelen aan de kost trachtte te komen.

Mira steelt onmiddellijk het hart van Elisabeth Sneyers. Tussen hen ontstaat er een heel bijzondere vriendschapsband, vol wederzijds vertrouwen. Mira is iemand die een scherm voor zich heeft opgetrokken. Voor Sneyers laat zij dat, als vrouwen onder elkaar, wel voorgoed zakken.

'Mijn man en ik rekenden erop dat we naar Rusland terug konden keren, maar ze lieten ons daar niet binnen, ook al waren we joodse communisten van Russisch-Poolse afkomst', begint ze. 'We stortten ons toen maar in allerlei antifascistische acties totdat de oorlog uitbrak en we het nazisme gewapenderhand wilden bekampen, omdat het een directe bedreiging voor ons leven en voor onze idealen vormde. We werden in 1938 uit België gezet. In een oogwenk was ons hele leven geruïneerd en vielen onze plannen in duigen. Daar stonden we dan in Frankrijk, platzak en zonder werk. Gelukkig hield Claude Spaak, de broer van de minister, ons de hand boven het hoofd. Het bezoek van Leopold Trepper, de grote baas van het Russische inlichtingennetwerk het Rode Orkest, gaf plotseling een andere wending aan ons leven. Trepper zocht 'pianisten', zoals men in het jargon de telegrafisten noemt. We zeiden zonder aarzelen toe, hoewel we verstandig genoeg waren om daar de risico's van in te zien. Wat we vreesden, gebeurde ook. Op 9 juni 1942 viel de Gestapo onze villa in Maisons-Laffitte binnen. Een slechter moment was niet denkbaar, want we stonden op het punt boodschappen naar de sovjetambassade in Londen te versturen. De Gestapo martelde ons in Berlijn maar we sloegen niet door. En nu zitten we hier.'

Elisabeth Sneyers heeft met Mira te doen. Het ziet er voor haar niet goed uit. Een linkse vrouw en op de koop toe een joodse spionne, dat is zo ongeveer iets als een dokter die tegen een patiënt zegt: u hebt kanker en tuberculose.

Mira en Elisabeth zijn 'arrestanten'. Ze hebben in hun cel een plank om op te slapen, maar overdag als ze doelloos heen en weer lopen, te moe om helder na te denken en te onrustig om zich te kunnen ontspannen, krijgen ze soms het idee dat ze bezig zijn gek te worden. Het lijkt dat ze maar een klein duwtje nodig hebben, dan kunnen de remmen wegvallen en kan de waanzin uitbreken.

Eigenlijk zorgt alleen de morgen voor een beetje afleiding. Dan mogen ze naar het toilet, hun hoofd bedekt met een kap, zodat ze steun moeten zoeken tegen de binnenmuren om hun evenwicht te bewaren. Als ze struikelen of tegen iets opbotsen, proesten de SS'ers het uit.

Net als ieder ander in het kamp lijdt Mira aan chronische honger. Een zeurend gevoel in haar maagstreek verhindert haar normaal te slapen. Bij het minste gerucht schrikt ze wakker. Op een morgen, het is nog pikkedonker, hoort ze vlugge voetstappen op de binnenplaats. Plotseling komt iemand uit de schaduw van de muur te voorschijn en gooit iets naar binnen. 'Hier liefje, een homp wit brood, smakelijk', fluistert een stem. Mira is te verbouwereerd om te reageren. Na enkele seconden heeft ze zichzelf weer in de hand en loopt naar het verduisterde raam, maar de onbekende is al verdwenen. Dankbaar verkruimelt ze het brood en begint het langzaam op te eten.

Even later komt de gevangene Frans Michiels, die in de keuken helpt, haar een kop 'koffie' brengen. Uit zijn knipoog leidt Mira af dat hij haar weldoener is. Ze knikt om hem te bedanken. Af en toe slaagt Frans erin Mira een peer of een gegrilde aardappel toe te stoppen. Doordat haar handen geboeid zijn, moet ze die opeten, zoals een hond een stuk bot afkluift.

Elke morgen ziet zij de arbeidersploegen naar het werk vertrekken. Opeens valt haar het silhouet van haar schoonbroer op. Hoe is het mogelijk! Enkele seconden schijnt ze haar ogen niet te kunnen geloven. Jack Sokol kan haar verbazing niet delen. Hij en zijn vrouw Kira zitten al sinds 19 juni 1942 in Breendonk. Bijna ademloos ziet Mira hoe haar schoonbroer met een schop over de schouder de binnenplaats verlaat, terwijl hij met de anderen een couplet zingt, alsof hij nooit iets anders gedaan heeft:

> *Voor de morgen aanbreekt*
> *Voor de zon lacht*
> *Marcheren de colonnes*
> *In de grauwe morgen*
> *Naar de martelingen van de dag*
> *En het bos is zwart*
> *En de hemel rood*
> *En we dragen in onze tas een stuk brood*
> *En onze zorgen in ons hart, in ons hart*

DE KAMPARTS

Op zondag, 11 oktober hoort Mira gebral in de kantine. Schmitt heeft in een goedmoedige bui zijn collega's te eten gevraagd. Feesten, daar is de kampcommandant goed in. De ss'ers eten en drinken wat af, alsof nazi-Duitsland de oorlog al gewonnen heeft. Vooral Kantschuster tast flink toe. Hij laat geregeld de fles rondgaan, wat niemand verbaast want hij staat bekend als een bruut die meer dan eens te diep in het glas kijkt. Nu hij vrij is, kan hij eens stevig doordrinken. Hij zal morgen wel paraat zijn, met of zonder kater.

De drank maakt de tongen los. Het gezelschap kletst over verlof, gemeenschappelijke kennissen, feestjes en het Oostfront. De nazi's hebben Stalingrad nog altijd niet veroverd, maar dat kan de pret niet drukken. Er ontspint zich een levendige discussie. Een van de SS'ers spot: 'Gelukkig zijn de pakjes afgeschaft, want die papzakken werden te vet om te werken.' En een andere heft het glas en zegt: 'Jaja, we zijn te zacht voor dat uitschot.'

De hele nacht duurt het feest. Mira wordt vroeg wakker met een zwaar hoofd. Bezorgd ziet ze de colonnes naar het werk vertrekken. Uit ervaring weet ze dat braspartijen zelden goed eindigen. Na een paar uren horen ze plotseling een korte, doffe knal. Even later dragen vier joden een gewonde naar de binnenplaats. De man hangt als een zandzak tussen hen in en heeft een gapende hoofdwonde. Zijn voddige uniform zit onder het bloed.

Wat is er gebeurd? Kantschuster, dronken en over zijn toeren, heeft Oscar Beck door het hoofd geschoten. De Brusselse postbeambten reageren geschokt en woedend. Ferdinand Devos, die Beck voor zijn ogen heeft zien neerschieten, roept kwaad: 'Ik heb in mijn leven al veel onmensen gezien, maar onder ons gezegd Kantschuster is wel één van de ergsten. Dat is geen gewone moordenaar.' 'Er zijn geen gewone moordenaars', repliceert zijn buur. 'Ik zou hem wel kunnen wurgen', zegt Devos. Hij is niet de enige die er zo over denkt.

De een of ander is te loslippig geweest. Tijdens het appèl houdt Prauss een van zijn beroemde monologen, vol cynisme en arrogantie. 'Het schijnt dat een paar raddraaiers suggereren dat we de gevangene koelbloedig hebben neergeschoten', zegt hij. 'Hoe kan men in vredesnaam zulke nonsens vertellen? Hebben jullie nooit over de perverse krachten in de maatschappij gehoord? Nee, subversieve bedoel ik. Die verspreiden dat soort infame leugens om de SS te schaden en om de fundamenten van het Derde Rijk te ondermijnen. Ik hoop dat jullie er niet in trappen.' Prauss kijkt het publiek strak aan, terwijl hij probeert de uitdrukking in de ontwijkende blikken te duiden. 'Doe niet zo verschrikt', spot hij. 'Jullie weten even goed als ik dat het geen geval van moord is. Wettige zelfverdediging, meer is het niet. Die imbeciel heeft Kantschuster bedreigd en aangevallen.' 'Bovendien', besluit hij, 'het is maar een jood.'

Niet lang nadien pakt een SS'er Mira beet alsof ze een wild beest is, trekt een kap over haar hoofd en sleept haar bij de haren naar 'de bunker'. Haar hart begint onrustig te bonzen. De Gestapo is erin geslaagd een heleboel medewerkers van het Rode Orkest aan te houden en zij en haar man kennen de code van de zeshonderd telegrammen die ze hebben doorgeseind.

De instructeur geeft Mira het bevel te knielen en over het krukje heen te buigen. 'Je weet natuurlijk niet voor wie je werkt', zegt hij geïrriteerd. Mira schudt haar hoofd. De zweep knalt één-, tweemaal. 'Het is zinloos om tegen zo iemand vriendelijk te praten', zegt de instructeur over zijn schouder tegen zijn collega's. 'Een paar meppen is het enige wat ze begrijpt.'

De SS'ers maken haar handboeien vast aan een touw en trekken haar met de katrol omhoog, zodat alleen de punten van haar tenen de grond raken. Het regent zweepslagen. Mira gilt het uit, maar spreekt niet. De ondervrager wordt nerveus, het zweet druppelt van zijn voorhoofd. Dan besluit hij het touw zo strak aan te halen dat Mira's lichaam in het ijle bungelt. Haar hele gewicht hangt aan haar polsen en de randen van de stalen boeien snijden in haar vlees. Het bloed loopt langs haar hals omlaag en even later valt ze flauw. Ze wordt naar beneden gelaten en losgemaakt. Als ze bijgekomen is, begint alles opnieuw. Ze hoort de stem van de beul, heel vaag nog, en dan verliest ze voorgoed het bewustzijn.

Wanneer ze haar ogen weer opslaat, zit ze in de 'kamer van de gemartelden', waar meerdere leden van het Rode Orkest in aparte cellen verblijven. Tegenover haar zit de Russische diplomaat Danilov, een vriendelijk ogende, bedachtzame man die zich nooit druk maakt en zelden overdrijft. Achterin de kamer zit haar man, Hersch Sokol. Gelukkig kan ze hem niet zien, want hij is zo mager dat hij bijna doorzichtig lijkt. Hersch kan vrijwel geen hap meer eten en weegt nog maar 38 kilo. Hij zweeft op de rand van de dood. Elke keer als Bob Izbutski, een Antwerpse jood, het wachtwoord '21' fluistert, het teken dat de kust veilig is, wisselt Mira op gedempte toon een paar woorden met hem. Ze probeert hem moed in te spreken. 'We moeten vooruitkijken', zegt ze, 'elke dag is een nieuwe dag.'

Eind oktober arriveren twee mannen die ervan verdacht worden dat ze in Aalst Jozef Podevijn, een hoge officier van de Dietse Militie-Zwarte Brigade, hebben neergeschoten. De Saffel, Baele, Wyss en Raes nemen de twee net zo lang onder handen tot ze onverschillig wat bekennen.

Een paar dagen later, op vrijdagmorgen 30 oktober, verhuist De Bodt van Wintam naar Willebroek, omdat hij dichter bij zijn werk wil wonen. Drie gevangenen worden gevorderd om hem daarbij te helpen. Een van hen is de Oostenrijker Isaac Trost, die voor zijn arrestatie als kelner in het goedbezochte Brusselse café 'Luna Theater' werkte. Rond de middag ziet Frans Doms, een kleermaker uit de Dokter Persoonslaan in Willebroek, de jonge jood over een haag springen en wegrennen. De Bodt zet de achtervolging in, maar de vogel is gevlo-

gen. Kwaad stapt de SS'er het café Cambrinus binnen en verzoekt telefonisch om bijstand, waarna zeker tien man, vergezeld van een hond, de omgeving beginnen af te zoeken. Uiteindelijk treffen ze Trost aan naast een rapenveld, dicht bij de
tuinmuur van Doms. De Bodt is door het dolle heen. Hij
trekt zijn pistool, schiet in de lucht en sommeert de dralende
buurtbewoners naar binnen te gaan. Vanachter het raam van
zijn werkplaats ziet Doms dat de SS'er de vluchteling zo hard
in de maag slaat dat die dubbelklapt en kreunend voorover-
valt. Zodra hij weer adem kan krijgen, steekt hij de armen
omhoog, smekend om genade. Daarop schiet De Bodt de
jood van dichtbij neer. Twee compagnons doorboren hem
met een bajonet en op de koop toe vuurt de toegesnelde
Frans Van Neck nog enkele schoten af.

Na het 'tragische voorval' moet Hendrik De Buyser het lijk
met zijn auto naar het fort vervoeren, waar het midden op de
binnenplaats in een plas bloed achterblijft. Met de handen op
de heupen gebiedt Prauss iedereen rond het levenloze
lichaam te defileren. 'Je ziet wat ervan komt, als je zo stom
bent te vluchten', zegt hij.

Het onderzoek naar het Rode Orkest gaat onverminderd
voort. Ook Hersch Sokol wordt geregeld naar de folterkamer
gebracht. Op een ochtend krijgt hij verschrikkelijke buikpijn.
'Hij moet in een ziekenhuis worden opgenomen', dringt dokter Singer aan, maar daarvan wil Prauss niet horen. Hersch
verhuist naar een ander vertrek, verderop in de gang, waar
niemand zijn gekerm kan horen. 'Je man ligt op sterven', zegt
Prauss tegen Mira. 'Hij is een vogel voor de kat als je niet
spoedig een openhartige verklaring aflegt.'

De crisis blijkt de volgende dag voorbij en Hersch mag weer
naar zijn vertrouwde cel, maar hij komt er niet bovenop. Hij

heeft constant koorts, maag- en darmklachten. Op een dag meldt hij: 'Ik ben bijna doof.' Mira schrikt geweldig. Dat het einde van haar man nadert, is duidelijk. Dokter Pohl weet dat ook. De kamparts schrijft Hersch een beetje gist voor en staat ervan te kijken dat diens doodstrijd zo lang duurt. Bij elk bezoek roept hij: 'Onvoorstelbaar. Hij is taaier dan hij eruit-ziet. Aanmerkelijk taaier! Hoe kan een mens het zo lang vol-houden? Het is een interessant geval. Dat moet ik noteren.'

DE SLUISWACHTER

Op Allerheiligen, een zomerse dag, maakt Prauss aan de aan-getreden gevangenen bekend dat hij een handvol schrijnwer-kers, smeden en elektriciens nodig heeft. Dat komt Marcel Van Polfliet, lid van het Antwerpse Onafhankelijkheidsfront, goed uit. Hij meldt zich en zeven anderen volgen zijn voor-beeld. 'En jullie krijgen binnenkort vakantie', zegt de luite-nant tegen de overigen op een voor zijn doen vriendelijke toon.

Het lijkt of sommige gedetineerden geen zin hebben daarop te wachten. Op 3 november, een dinsdag, overlijdt Szmul Sosnowsky; drie dagen later bezwijken Mozes Horowicz, Albert Kohn en Mendel Kreimer en nog een dag later sterft Erwin Schlesinger. De officiële overlijdensakten vermelden: 'Abnormale magerte, falende bloedsomloop en verdrinking.'

Op zaterdag, 7 november mogen Ferdinand Devos en enkele Brusselse postbeambten onverwacht naar huis. Ze zijn spra-keloos van verbazing. 'Terug naar huis?' vraagt Devos onge-lovig. 'Ik dacht dat we hier eeuwig zouden blijven.'

Voor 236 gevangenen, onder wie een grote groep Limburgse mijnwerkers, is de vrijheid verder af dan ooit. Op 9 november worden ze op transport naar Mauthausen gesteld. Ook de gewezen Zugführer Hermans wordt gedeporteerd. De postbeambten die achterblijven, kunnen er niet bij. 'Waarom zetten ze die hielenlikker op de trein?' vraagt er een zich af. 'De dag dat iemand die vraag weet te beantwoorden...' Jules Gysermans maakt zijn zin niet af. 'Die dag zal wel geen van ons allen beleven', vervolgt een ander. 'Wij hebben allemaal levenslang gekregen.'

Op 11 november, rond vijf uur 's ochtends, bonst een bewaker op de kamerdeur van Van Polfliet. De Antwerpenaar heeft een nacht met krampen en hoofdpijn achter de rug. De voorbije dagen heeft hij in regen en wind zakjes met zand gevuld om de vensters aan de voorzijde van het fort dicht te metselen, opgejaagd door zijn Zugführer Valère Devos, een Aalstenaar die nog tegen Franco gevochten heeft. De kameroverste wordt zenuwachtig als in de gang het gekletter van laarzen weerklinkt. 'Sta daar niet te lummelen', roept Devos driftig terwijl hij met zijn platte hand op de tafel slaat. Van Polfliet wil iets zeggen, maar hij bedenkt zich. De stokken die de kleine maar gespierde Devos al heeft kapotgeslagen op de ruggen van medegevangenen, zijn niet meer te tellen. 'Er is nog iets', zegt Devos tegen Van Polfliet. 'Vandaag begin je als timmerman te werken.' Van Polfliet is blij maar hij hoedt zich er wel voor dat te laten merken.

Als hij naar de binnenplaats loopt, staat De Bodt hem al op te wachten in gezelschap van Jozef Suy, een 37-jarige communist uit Hoboken. Van Polfliet kent Suy heel goed want hij heeft nog met diens broer in de haven gewerkt. 'Zo', zegt De Bodt koel, 'jullie gaan vandaag deuren herstellen en doodkisten maken.' De twee Antwerpenaars kijken of ze het in Keulen horen donderen. Wat moeten ze hiervan denken? Wil De

Bodt hen beetnemen? Ze durven niets te vragen en de SS'er vindt het niet nodig hen meer uitleg te verschaffen. 'Aan het werk', zegt hij kortaf.

Suy, een meubelmaker van opleiding, kan met zaag en hamer overweg. Alleen is hij niet van plan zich in het zweet te werken, want vandaag wordt de wapenstilstand van 1918 herdacht.

Plotseling hoort Van Polfliet twee Engelse vliegtuigen naderen. Terwijl hij ziet hoe ze traag boven het fort wiegen op een vreemd zwevende manier die de spot drijft met alle wetten van het vliegen, dwalen zijn gedachten af. De toestellen komen dichterbij, verdwijnen weer en vliegen dan bulderend boven hem. Heel even blijven ze zelfs pal boven hem hangen als speurende reuzenogen. Wie weet, hoopt Van Polfliet, bombarderen de Engelsen het fort en bevrijden ze ons. In zijn verbeelding ziet hij de Tommy's het kamp al in brand schieten: vensters vliegen open door de luchtdruk, barakken vatten vuur en SS'ers rennen voor hun leven.

Ineens grijpt De Bodt vloekend zijn revolver en begint op de twee vliegtuigen te schieten. Van Polfliets eerste gedachte is: 'Die De Bodt is gek, of de wereld is gek, maar het is alle twee even erg.' De SS'er blijft maar schieten en nodeloos munitie verspillen. Het is zielig. Misschien is hij werkelijk zot geworden, denkt Van Polfliet met enig leedvermaak. De vliegtuigen klimmen weer hoger, nemen een scherpe bocht en verdwijnen even verrassend als ze zijn gekomen. De Bodt stopt zijn revolver tussen zijn broekriem en wandelt nukkig weg.

Van Polfliet profiteert ervan om gauw enkele houtblokken in zijn kamer te werpen. Als je de hele dag in de snijdende noordenwind hebt gewerkt, gaat er niets boven een brandende kachel. Jammer genoeg heeft Obler de 'diefstal' opgemerkt en een kwartier later gaan de poppen aan het dansen. Al de timmerlieden moeten naar de binnenplaats komen, waarop Prauss, dronken zoals altijd, de kamer van Van Polfliet onder-steboven haalt en een enorme scène maakt als hij de blokken vindt. 'Smerige dief', tiert hij, en hij giet de inhoud van de toiletemmer over Van Polfliet uit. Toch haalt de Antwerpe-naar zijn gram: voor hij in bed kruipt, gaat hij in de houding staan en neuriet het volkslied.

Ook in Verviers gaat de feestdag niet ongemerkt voorbij. Daar wordt de chef van Rex neergeschoten. De ene aanslag volgt op de andere. Op 19 november komt Jean Teughels, de burgemeester van Charleroi, om het leven. Het is de druppel die de emmer doet overlopen. De Duitse autoriteiten nemen harde maatregelen en sluiten Paul Hermans, de postmeester van Brussel 1, in Breendonk op.

De tweede helft van november is het te koud en te nat voor de tijd van het jaar. De afgedragen legeruniformen bieden wei-nig bescherming tegen de gure herfstwind en de onophoude-lijke regenvlagen. De warm ingepakte Wyss en De Bodt zijn experts op het gebied van bedreigingen, vernederingen en lijfstraffen. Jan Van Boven, een arbeider van een jaar of veer-tig, moet zijn ransel met stenen volstoppen en zo de hele dag zonder eten of drinken met de kipwagens werken en dat alles omdat hij een raap heeft 'gestolen'. De volgende dag, 21 november, strompelt hij als een kreupele naar het werk terwijl Jean-Paul Werne hem zo goed en zo kwaad als het gaat ondersteunt. 'Je mag de moed niet opgeven', zegt de Brussel-se postbeambte. 'Vandaag werken we maar een halve dag en morgen is het zondag. Dan kun je wat uitblazen.' 'Let maar niet op mij', zucht Van Boven, 'mijn pijp is uit.' Werne pakt hem bij zijn mouw. 'Volhouden makker. Je redt het wel.' Van Boven schijnt het niet te horen. Hij beweegt zich voort als een slaapwandelaar. Plots zakt hij ineen en valt languit in het slijk. Werne slaagt er niet in hem overeind te helpen. Wyss komt toegelopen en geeft Van Boven enkele gemene trappen. 'Sta op en doe niet zo zielig', gebiedt de SS'er. 'Ik ben kapot', mompelt Van Boven toonloos. 'Schiet me maar een kogel door m'n kop.' Wyss richt zich tot De Bodt, die een paar meter verder staat. 'Hé, Richard', roept hij. 'Hoor die stommeling eens! Hij wil dat ik hem een kogel door zijn kop schiet.' 'Hoe is het mogelijk!' antwoordt De Bodt, 'beseft hij dan niet dat een kogel 1 frank en 85 centiemen kost.' Wyss wendt zich opnieuw tot Van Boven. 'Je krijgt nog vijf minuten om op te staan, anders...'

Werne tracht zijn maat overeind te helpen maar Van Boven schudt het hoofd. 'Doe geen moeite', fluistert hij, ''t is voorbij, doe de groeten aan iedereen.' Even later komt Wyss naar het slachtoffer kijken. Het beweegt nog wel, maar niet veel. 'Nu ga ik hem eens peren van Antwerpen verkopen en ze zullen hem smaken', zegt Wyss. Hij grijpt Van Boven bij de kraag vast en geeft hem daarop een karateslag tussen de ogen. De SS'ers pakken hun karwats en wandelen onbekommerd weg. Werne draagt Van Boven naar kamer 7, waar hij rond middernacht vredig inslaapt.

DE SMOKKELAARSTER

Johanna V.G., 28 jaar, heeft een zuivelwinkeltje in Antwerpen. Daarnaast werkt ze nog voor duizend frank per maand als dienster in de kantine op het vliegveld van Deurne. Daar raakt Prauss toevallig met haar aan de praat. 'Ik ben de baas van de keuken in Breendonk', bluft hij. 'Ik kan u van alles leveren: boter, brood, vlees, aardappelen, erwtjes, bonen, noem maar op.' Tussendoor laat hij uitschijnen dat in het fort alleen maar Duitse gevangenen zitten. 'Wilt u mijn was doen?' vraagt hij haar ten slotte. Ze neemt zonder nadenken het voorstel aan en van het een komt het ander.

In het weekend bezoekt Johanna haar vriend geregeld in de villa van de familie De Naeyer, 'het kasteeltje' genoemd, een grote, luxueuze residentie op een steenworp van het fort. Daar logeren ook Schmitt en zijn vrouw. Johanna maakt haar man wijs dat ze de deur uitgaat om te 'smokkelen'. Met nachtgoed en een tandenborstel in haar koffer gaat ze met de bus naar Boom, waar De Bodt haar met twee fietsen opwacht. Ze weet in het begin niet dat Prauss getrouwd is en twee dochters van zeventien en achttien heeft. De luitenant is nu eenmaal een man van weinig woorden. Zelfs in haar vrolijke gezelschap komt hij nooit helemaal los. Johanna troost zich met de gedachte dat in zijn vak gevoeligheid een luxe is die hij zich niet kan permitteren. Eén ding weet ze wel: Schmitt en Prauss behoren tot een andere stand: ze hebben geld en macht, maar ze hebben geen stijl. Schmitt, vindt ze, is een grote snob en Prauss heeft geen manieren. Als Johanna na het weekend met een uitpuilende koffer thuiskomt, is haar man, die voor Winterhulp werkt, er meer dan ooit van overtuigd dat zijn Johanna beter kan 'smokkelen' dan wie ook.

Er gaat geen dag voorbij of er komen nieuwe arrestanten in Breendonk aan. Op 26 november arriveert Gaston Hoyaux, een vooraanstaand medewerker van de illegale socialistische partij en van het blad *Le Peuple*, in het fort. Hij krijgt het nummer 169 en komt in kamer 6 terecht. Diezelfde dag kondigt de militaire bevelhebber de terechtstelling aan van acht gijzelaars als represaille voor de dood van de burgemeester van Charleroi en van enkele andere collaborateurs.

De volgende ochtend moet Constant Lemaître vlakbij de inrijpoort palen voor de prikkeldraadomheining in de grond heien. Hij ziet dat het verkeer zich op de rijbaan in een trage stroom voortbeweegt. Zo nu en dan mindert een auto vaart en slaat af naar het fort. Na een paar uur moet de Brusselse postbeambte samen met drie medegevangenen tien palen naar de achterkant van het kamp sleuren, waar ze de timmerlieden Marcel Van Polfliet en Jozef Suy ontmoeten. De palen moeten naast elkaar in één lange rij opgesteld worden. Enkelen aarzelen, want ze hebben iets over terechtstellingen opgevangen. 'Als je het mij vraagt, ik geloof dat niet', zegt Suy. Hij gaat naast een paaltje staan en voegt er schertsend aan toe: 'Uitstekend geschikt voor mij.'

's Middags, na de soep, moeten de gevangenen in hun kamer blijven. Suy en Van Polfliet gaan op hun strozak liggen. 'Zal er misschien toch iemand terechtgesteld worden?' vraagt Suy een beetje ongerust. Zijn woorden zijn nog niet koud of de deur vliegt open. Er worden vier nummers afgeroepen. Suy en drie Waalse jongens van rond de twintig, leden van het Geheime Leger, staan op en worden naar de binnenplaats geleid. Van Polfliet hoort Prauss zeggen: 'Als we de moordenaars van de burgemeester van Charleroi niet voor drie uur vinden, zullen jullie geëxecuteerd worden.' Het is al halfdrie! Kort daarna wordt het doodvonnis in drie talen voorgelezen. Suy, die nooit heeft gerookt, zegt: 'Geef me maar een sigaar.'

Om drie uur ziet Van Polfliet een peloton soldaten voorbijstappen, gevolgd door de gijzelaars. Ze lopen kaarsrecht en hebben een uitdrukkingsloze blik in de ogen. Om drie uur weerklinkt in de verte een langgerekt salvo. Van Polfliet en zijn kamergenoten zwijgen even om de terechtgestelden de laatste eer te bewijzen. Daarna verdeelt Van Polfliet de kleren van Suy onder behoeftige makkers en verstopt hij nog enkele foto's en brieven, in de hoop dat hij ze ooit aan de vrouw en kinderen van zijn vriend zal kunnen overhandigen.

De dag na de terechtstelling arriveert Hendrik Van Borm in het gezelschap van de Leuvenaar Jean Nysen. Prauss ziet hem binnenkomen in een Duits uniform met de letter O.T., de afkorting van Organisation Todt, op zijn armband en met een paar rubberlaarzen en een schapenvacht aan. De luitenant geeft Van Borm zonder enige aanleiding twee vuistslagen waarbij de man twee tanden verliest. Het kost Prauss niet veel moeite om erachter te komen met wie hij te doen heeft, want Van Borm is door de Brusselse SD grondig verhoord en hij is niet de eerste de beste.

Hij is geboren aan de kust, in Leffinge, op 23 september 1915, en groeide in armoede op. Als fantast en avonturier zat hij meer in de bak dan thuis. Tijdens de Burgeroorlog trok Van Borm naar Spanje, waar hij meevocht aan de kant van de Internationale Brigades onder de schuilnaam 'Spada', naar een beruchte struikrover uit de negentiende eeuw. In juni 1941 belandde hij in een Spaans werkkamp, waar hij werd bezocht door de Antwerpse advocaat René Lagrou, stichter van de Algemene SS-Vlaanderen. Om uit Spanje weg te komen, beschuldigde Van Borm zich van de moord op het hoertje Marguerite Cheyns, waarvan het verminkte lichaam voor de oorlog in de duinen van Mariakerke-Oostende terug-gevonden werd.

Eenmaal terug in België pleegde hij een aantal sabotagedaden tegen de Duitse bezetter. Bij de Oostendse vismijn liet hij bij-voorbeeld een dertigtal benzinetanks die op een trein geladen waren, leeglopen. Daarna nam Van Borm dienst bij de Organi-sation Todt om zich naar eigen zeggen makkelijker bij het Rode Leger aan te kunnen sluiten. Nadat hij tevergeefs met een vissersboot naar Engeland had proberen te vluchten, werd hij op 20 juni 1942 in Calais aangehouden en achtereenvolgens in Duitsland en in Sint-Gillis opgesloten. In één woord: Van Borm is een fenomeen. Prauss denkt er net zo over en benoemt hem prompt tot Zugführer van kamer 6, waar de socialist Hoyaux hem op het rechte pad probeert te brengen.

Ongeveer eens per maand is er inspectie van de Duitse hoofdarts. Naakt en bibberend moeten de gevangenen voor de ingang van de barak wachten tot hun nummer afgeroepen wordt. Sommige hebben al een bronchitis of een verkoudheid opgelopen tegen de tijd dat ze het verwarmde vertrek betreden. Daar worden ze gewogen, zodat ze hun achteruitgang op de voet kunnen volgen. De Brusselse postbeambte Gysermans, een boom van een vent – hij woog 106 kilogram bij zijn aankomst – weegt nog nauwelijks de helft. In november 1942 constateert de hoofdarts 86 gevallen van hongeroedeem. Een maand later is dat aantal al opgelopen tot 101.

Het verzet neemt stilaan een hoge vlucht. Op 4 december komt een Vlaamse SS-onderofficier in Brussel bij een aanslag om het leven. Daarop volgen nog talloze sabotagedaden in de streek van Luik. Op sinterklaasdag kondigen de Duitsers aan dat ze tien gijzelaars zullen fusilleren en honderd andere zullen deporteren als de daders niet binnen de week gevonden worden. De gebeurtenissen volgen elkaar snel op. Een dag later overhandigt de SD een lijst met de namen van tien onschuldigen die in Breendonk vastzitten. Op 11 december geeft generaal von Falkenhausen toestemming tot de executies.

Op 12 december, een zaterdag, zien de Brusselse postbeambten Lemaître en Gysermans hun postmeester Paul Hermans middenin een groep gijzelaars naar de executiepalen marcheren. Hij kijkt niet op of om. De lugubere processie wordt geëscorteerd door Wehrmachtsoldaten met een karabijn onder de arm. De postbeambten horen kort daarop het geluid van geweerschoten. Een korte losbarsting die bijna even plotselijk ophoudt als ze begonnen is.

De Bodt en Wyss kunnen nu geen maat meer houden. Als Wyss de postbode Sebastiaan Degreef tegenkomt, gaat het van: 'Wel ouwe, jij zou ook dubbel en dik de kogel verdienen.' Degreef wordt tot driemaal toe op een dag afgeranseld. Hij leeft nog maar voor twintig of dertig procent. Op een keer wijst Wyss naar de doodskop op zijn pet en zegt: 'Binnenkort is het zover.' De postbeambten beginnen inderdaad als vliegen te vallen. Op 12 december overlijdt Henri Tissen. Drie dagen later is Jacques Bonnevalle aan de beurt. Op 18 december sterft Sebastiaan Degreef en vier dagen later Pierre Crockaert. Vier doden in zes dagen!

DE BRANDWEERMAN

Op 22 december, een dinsdag, wordt de Brusselaar Joseph Bracops in kamer 6 ondergebracht. De volgende dag, rond tien uur 's avonds, arriveren de Waalse partizaan Benoît Michiels en vijf politieagenten uit Jumet: Jean Goisse, Ursmar Cambier, Louis Delvaux, Emile Renard en Fernand Huet.

De nieuwkomers krijgen een pak rammel in de schemerachtige gang en in het geharrewar bijt Lump, de hond van Schmitt, Michiels in de knie. 'Je naam?' 'Marcel De Block', antwoordt Michiels. Wyss duwt hem brutaal in een half afgewerkte cel zonder plank en zonder matras. 'Je gaat eraan, smeerlap', dreigt de SS'er hem.

Op Kerstmis is de hemel laag en donker. De gevangenen hebben de afgelopen dagen ongeduldig uitgekeken naar de kerstpakjes die hun familieleden hebben verstuurd en nu stellen ze vast dat de Duitsers er de hand op hebben gelegd. Gelukkig krijgen ze wel de pakjes van het Rode Kruis, waarin sojakoeken, sardienen en confituur zitten. Sommigen werken alles ineens naar binnen waardoor hun maag, die niet gewend is aan zulke hoeveelheden, blokkeert en ze alles overgeven.

Tot zijn verbazing ontvangt Van Polfliet een halfleeg pakje met een hemd en een onderbroek die naar cake ruiken. Beter iets dan niets, lacht hij. De lepe Antwerpenaar heeft met enig geluk een pot stroop scheefgeslagen en trakteert er de hele kamer op. De sombere stemming slaat langzamerhand om. Er wordt zelfs gezongen en gelachen tot opeens Kantschuster en De Bodt in de deuropening verschijnen. De aangeschoten Duitser grist de pot uit de handen van Van Polfliet, gooit hem woedend aan scherven en dient de brave Zugführer twintig zweepslagen toe.

Ten gevolge van verraad zitten de partizanenleiders Victor Thonet, Benoît Michiels en Raymond Geenen al achter de tralies. Vlak voor nieuwjaar haalt de SIPO/SD het net rond de partizanen van Charleroi verder aan. Voor dag en dauw vallen op donderdag, 31 december 1942 twee leden van de SIPO en drie Feldgendarmen de woning van brandweerman Emile Maufort aan de Rue de Bayemont te Charleroi binnen. Maufort ziet er jonger uit dan zijn 21 jaren. Ondanks zijn jeugdige leeftijd maakt hij al meer dan een jaar deel uit van Thonets groep. Zijn ogen dwalen onrustig heen en weer, maar als hij naar de zwaarbewapende Duitsers kijkt, vergaat hem de lust om te proberen te ontsnappen. De Duitsers fronsen hun wenkbrauwen als Maufort langzaam zijn laarzen en brandweeruniform begint aan te trekken. Voor één keer houden ze hun mond. Inderhaast maakt moeder Maufort in een verkreukelde nachtjapon enkele boterhammen voor haar zoon klaar. Die buigt zich voorover en kust haar licht op het voorhoofd. 'Mama', zegt hij, 'mij gebeurt niets, wees maar gerust.'

De Duitsers nemen Maufort bij de arm en lopen naar hun auto, starten de motor en rijden in volle vaart naar de oude infanteriekazerne. Binnen heerst een grote drukte. Soldaten lopen af en aan en er komen steeds nieuwe arrestanten bij. Maufort herkent Victor Trido, de politiecommissaris van La Bouverie, Richard Deprez uit Ressaix en Jules Triffet, een vakbondsman die enkele gedurfde stakingen in de streek van Bergen leidde.

Tegen acht uur 's ochtends duwen de Duitsers tachtig man in de laadbak van vier vrachtwagens, die in colonne de Trésignies-kazerne verlaten. De arrestanten zitten ineengedoken onder het zeildoek. Het is guur weer. Een ijzige wind jaagt een wolk sneeuwkorrels onder het zeil door in het gezicht van de aangehoudenen die hun wollen sjaals hoger om de hals trekken en zo dicht mogelijk tegen elkaar aankruipen om zich tegen de koude te beschermen.

Verkleumd komen de Walen om halftwaalf in Breendonk aan. Daar worden ze met kolfstoten uit de vrachtwagens gedreven door bewakers, die onbeheerst en lukraak om zich heen slaan. Jules Triffet herkent opeens een vroegere schoolvriend, Albert Plasman, die voor de Gestapo in Charleroi tolkt.

Het is allesbehalve een hartelijk weerzien. Plasman geeft een ss'er een wenk, waarop die Triffet er flink van langs geeft. 'Ik ken je al sinds je zo groot bent', zegt Triffet bij zichzelf. In gedachten houdt hij zijn hand een meter boven de grond. 'En nu flik je me zoiets.' Hij loopt door zonder om te kijken.

Commissaris Trido is doorweekt. Hij schudt zich als een natte hond, klopt de vlokken sneeuw van z'n kleren en blijft met z'n spullen in de hand op zijn registratie wachten. 'Luister goed, je zegt 'hier' en niet 'présent' als we je roepen', snauwt De Bodt die een mondje Frans spreekt. Eindelijk is Trido aan de beurt. Wanneer hij het rommelige kantoor binnenkomt, hangt er al een benauwde lucht van sigarettenrook en geopende flessen cognac. De commissaris moet al zijn bezittingen afgeven. Veel is het niet, het kan allemaal in een gewone tas. Een SS'er fouilleert hem en vindt nog een piepklein mesje in zijn binnenzak. 'Haha', roept hij, terwijl hij uit alle macht tegen Trido's linkerbeen trapt. 'Wie denk je wel dat je bent? Weet je dat je daarvoor het cachot in kunt gaan?' De SS'er neemt nog een borrel. 'Het zal slecht met je aflopen', besluit hij.

Na de registratie die wel een eeuw lijkt te duren, worden de tachtig Walen over verscheidene kamers verdeeld. Ze herademen nu de bewakers weg zijn. Het is oudejaarsavond en buiten blijft de sneeuw vallen. Wat een weer! Iedereen is druk en opgewonden. De jonge Maufort is ervan overtuigd dat alles ten goede zal keren. 'De Duitsers hebben hun beste tijd gehad', zegt hij met overtuiging, '1943 wordt het jaar van de bevrijding, want in Rusland trekt het Duitse leger zich langzaam maar zeker terug.' Het is denkbaar. Alles is denkbaar.

Op zijn strozak draait de brandweerman nog eens de film van zijn jeugd in Charleroi terug. Wielrennen was alles voor hem. Met een paar vrienden nam hij deel aan kermiswedstrijden in de buurt. Af en toe speelde hij ook trompet. Het waren mooie jaren. Zijn vader verdiende als politieagent niet veel, maar toch kwamen ze niets te kort. Maufort wordt een beetje weemoedig als hij eraan terugdenkt.

DEEL VIER | 1943

'Twee hebben deze dode opgeraapt.
Hij is tussen hen als een brug.
Als een brug die hen verbindt.'

DE VAKBONDSMAN

Als Richard Deprez uit Ressaix op nieuwjaarsdag wakker wordt is het nog donker. Hij is verkleumd, stijf en zo mogelijk nog neerslachtiger dan voor hij ging slapen. De anderen liggen nog steeds te snurken. Deprez staat op en tracht stampvoetend zijn onderste ledematen wat te verwarmen. Rusteloos ijsbeert hij door kamer 6, af en toe naar de deur loerend alsof hij verwacht dat iemand die open gaat gooien en naar binnen zal stormen. Tegen acht uur waggelen Prauss en De Bodt naar binnen. Vooral de eerste is behoorlijk bezopen. 'Achtung', roept Van Borm, die zo aan de onverwachte bezoeken gewend is dat hij nog maar nauwelijks opkijkt. Prauss inspecteert de keurig opgemaakte bedden en komt vlak bij de kameroverste staan, zodat zijn neus bijna die van Van Borm raakt. 'Dat is hier een mooie boel', lalt hij. 'Jij stuk onderkruipsel. Jij afschuwelijke nietsnut. Wat ben je?' 'Ik ben een nietsnut, Herr Untersturmführer', antwoordt Van Borm onderdanig. 'Precies', zegt Prauss met slepende stem. 'Een ellendige nietsnut.' De luitenant zwaait met zijn karwats en iedereen vreest dat hij de kameroverste een oplawaai gaat verkopen, maar plots houdt Prauss het voor gezien. 'Tot vanmiddag blijft iedereen voor zijn bed staan, begrepen?' roept hij nog tegen niemand in het bijzonder.

Het jaar begint met een politieke moord. Om acht uur 's avonds bellen twee onbekenden aan bij Georges Pêtre, de liberale burgemeester van Sint-Joost-ten-Node. Ze willen de vaderlandslievende burgervader dringend 'spreken', vuren zes kogels op hem af en sluiten zijn vrouw op.

Een dag later brengt Willy von Hören, de chef van de Antwerpse SD, dokter Raymond Casman en diens twee zonen, Jan en Pierre, naar Breendonk. Casman, die verbonden is aan het Antwerpse Sint-Elisabethziekenhuis, is een befaamde kankerspecialist. Hij en zijn zonen worden ervan verdacht dat ze informatie over de haven aan de geallieerden hebben doorgespeeld. 's Avonds leidt de Sicherheitspolizei de dokter naar 'de bunker', waar hij kennismaakt met de SS'ers Wyss en De Bodt. In de gang ziet Casman één van zijn zonen bewusteloos op de grond liggen. 'Dat komt ervan als je niet bekent', waarschuwen de SS'ers hem. Daarna wordt hij met een katrol omhooggetrokken en zwaar gefolterd.

Op dat tijdstip bevindt commandant Schmitt zich in de Dossin-kazerne. Hij heeft alle gevangenen op de besneeuwde binnenplaats laten aantreden want hij is van plan Herman Hirsch, Leonard Jacoby, diens neef Louis en nog acht andere joden te straffen voor de 'diefstal' van enkele voedselpakketten. Voor de commandant hebben begrippen als goed, slecht, meelijwekkend, aardig, hatelijk of gruwelijk geen betekenis. Hij is een man zonder moraal die doet wat zijn impulsen hem ingeven. Schmitt, vergezeld van zijn hond Lump, verplicht de elf vermeende dieven zware gymnastiekoefeningen te verrichten. Op hun rug hangt een plakkaatje: 'Rotjood, je hebt je ras verraden.' De andere gevangenen moeten hun lotgenoten slaan en uitjouwen terwijl ze in een haag om hen heen staan. Lump is onrustig. Plotseling rent hij op de gestraften toe, bijt de jonge, blootsvoetse Hirsch in het rechterbeen en verscheurt de kleren van Louis Jacoby. De commandant laat daarna iedereen gaan, op de elf dieven na. Zij moeten nog urenlang in de sneeuw blijven turnen – Hirsch' linkervoet is inmiddels bevroren – en worden dan in twee cellen gegooid.

De eerste dagen na nieuwjaar zijn zo ellendig koud dat er in Breendonk niet kan worden gewerkt. Op 3 januari 1943 ligt de Brusselaar Albert De Pondt roerloos in de ziekenzaal. De Duitse verpleger Ernst Fliegauf tilt de oogleden van de postbeambte op. 'Hij is dood', constateert Fliegauf, een kapper van opleiding. 'Ik kan er niets aan doen dat iemand ophoudt met ademen', schampert Prauss. Een ambulance is volgens hem niet nodig, een lijkschouwing evenmin. De Pondt was toch maar een 'subversieveling': hij had *La Libre Belgique* verspreid en geld en goederen voor gevangen Britse soldaten ingezameld. De Pondt is al de vijfde Brusselse postbeambte die aan mishandelingen bezwijkt. 'Dood door hongeroedeem en ondervoeding', schrijft Kampdokter Pohl in de overlijdensakte.

Twee dagen later vordert De Bodt in kamer 2 enkele vrijwilligers om een karwei op te knappen. De vakbondsman Jules Triffet, het stilzitten beu, meldt zich nietsvermoedend. Hij krijgt de schrik van zijn leven als de SS'er hem beveelt een greppel rond de executiepalen te graven, er achteloos aan toevoegend: 'Morgen worden hier terroristen terechtgesteld. Misschien ben jij er wel bij.' Triffet is pas in Breendonk, maar hij beseft dat het menens is. De Duitsers zijn op een punt beland waarop ze iedereen zonder pardon als gijzelaar dood kunnen schieten. 'Deze psychische druk is erger dan oorlog. Aan het front weet je ten minste wat je kunt verwachten', denkt Triffet.
De volgende morgen wordt hij voor dag en dauw gewekt. 'Opstaan!' 'Klaarmaken!' 'Aantreden!' Triffet werpt een blik

naar buiten. Op de binnenplaats lopen ongewoon veel gewapende wachters rond. Niet veel later verschijnt een SS'er in de deuropening. Triffet klampt zich bevend aan het bed vast en wendt zijn gezicht af. Heeft zijn laatste uur geslagen? De SS'er roept twee nummers af. Alphonse Collin uit Rixensart en het Brabantse provincieraadslid Arthur Van Tilborgh springen overeind en verlaten de kamer zonder een woord te zeggen. Triffet ziet nog hoe Van Tilborgh in de gang door de kampcommandant mishandeld wordt omdat hij zijn handen wil wassen.

Rond halftien worden twintig gijzelaars in kamer 1 bijeengebracht. Onder hen een zestal inwoners van Rixensart en Genval. Overal staren gevangenen door de blauwgeschilderde ramen naar buiten. Sommige huilen, andere praten bedrukt. Ze zien vaag hoe een eerste groep van tien gijzelaars blootshoofds en met geboeide handen naar het executieterrein stapt. Een halfuur later volgt de tweede groep. Rond halftwaalf weerklinken er schoten en kort daarop rijden twee lijkwagens van het Rode Kruis weg. Verderop, in de kantine, klinken de SS'ers uitgelaten op het succes. De wand is opgesmukt met een hakenkruis en een afbeelding van de Duitse arend, met daaronder de leuze: Unsere Ehre heisst Treue.

DE ONDERWIJZER

De Duitse politieke politie werkt op volle toeren. Op vrijdag, 8 januari zetten de gevreesde SD-agenten Johann Pitz en Willy von Hören in de Antwerpse Hovenierstraat een val op voor de 23-jarige Jan Van Calsteren, een onderwijzer die als schilder bij de gemeente werkt. In de voering van zijn jas vinden ze een handgeschreven manifest over de terechtstelling van

twee kameraden, waarmee het jonge lid van het Onafhankelijkheidsfront op weg naar de drukker is. In het hoofdkwartier
van de Gestapo aan de Dellafaillelaan 21 wordt Jan geslagen
en geschopt. Maar iemand verlinken? Nooit van z'n leven!
Alle vragen beantwoordt hij met een schouderophalen. De
agenten beseffen dat ze geen stap verder komen. 'Oké, in
Breendonk krijgen we je wel klein. Maak je testament maar',
zeggen ze dreigend.

Drie dagen later stuurt Schmitt 33 'werkonwillige' joden als
straf van de Dossin-kazerne naar Breendonk. De meeste zijn
afkomstig van Antwerpen en getrouwd met een niet-joodse
vrouw. En verder zijn er de twee Jacoby's, die op 2 januari
betrokken waren bij de 'diefstal' van pakjes. Een andere 'dief',
de jonge Herman Hirsch, is niet van de partij. Zijn wonden
raakten geïnfecteerd en hij ligt in het Mechelse ziekenhuis,
waar uitgerekend vandaag zijn rechterbeen en linkervoet
geamputeerd zullen worden.

Het vervoer naar Breendonk gebeurt met een vrachtwagen.
Aan de brug van Willebroek mindert die vaart en Salomon
Swaab profiteert ervan om de benen te nemen, maar hij
wordt snel weer gegrepen. Hoewel Swaab onmiddellijk de
handen in de lucht steekt, vuren de bewakers meerdere kogels
op hem af. Een ervan gaat dwars door zijn rechterlong en
blijft in zijn rug steken. 'Ik ben geraakt! Ik ben geraakt!' roept
hij vertwijfeld. Op de plek waar hij ligt wordt de plas bloed
almaar groter, maar de SS'ers doen alsof ze niets merken. In
Breendonk moet de zwaargewonde Swaab nog een hele tijd
wachten voordat dokter Singer hem de eerste hulp kan verle-
nen en de bloedingen kan stelpen.

Woensdagochtend, 13 januari, begint verdacht rustig. Geen
gebrul van SS'ers, geen toespraak van Prauss tijdens het appèl.
De gedetineerden zijn net klaar met het karige ontbijt, als SS-

mannen de kamers binnendringen en twintig nummers afroepen. Eén voor één worden de mannen naar kamer 1 geleid. André Louis, een politieman uit Elsene, is een van hen. Hij werd de voorbije dagen halfflam geslagen en beweegt zich als een acteur in een vertraagde film. Verder zijn er de kleine, negentienjarige Charles Nicolet en een zevental verzetslieden uit Rixensart en Genval, die nog geen week in Breendonk zitten.

Inmiddels moeten de andere gevangenen roerloos bij het voeteneinde van hun bed blijven staan. De minuten slepen zich voort. Nu en dan komt er een SS'er aan het venster kijken. Uur na uur verstrijkt. Iedereen raakt uitgeput. Plotseling verlaten tien gijzelaars kamer 1. Onwillekeurig vertragen ze hun pas. Ze zijn al de helft van de binnenplaats overgestoken als ze door de SS'ers tegengehouden worden en hun flodderige jassen en hemden uit moeten trekken. De kleine Nicolet wuift even naar zijn makkers, van wie de gezichten als wazige vlekken achter de ruiten zichtbaar zijn.

Richard Deprez uit Ressaix staart vanuit kamer 6 de tien gijzelaars na, die zich in de dikke mist naar het executieterrein begeven. Een van hen wordt op een baar meegedragen. Het is een man van in de dertig. Zijn hoofd is voorovergevallen en zijn lichaam slingert een beetje heen en weer. Toch spant hij zich in om zijn hoofd op te heffen en zijn blik richt zich steeds weer naar boven, naar de grauwe hemel.

In het vale ochtendlicht valt elk detail op. Deprez dwingt zichzelf de kleinste bijzonderheden goed in zich op te nemen. Na een poos hoort hij geweerschoten en een kwartier later ziet hij tien andere gijzelaars, de polsen geboeid, voorbijtrekken, dezelfde bestemming tegemoet.

Er heerst een doodse stilte in kamer 6, maar één woord wordt van de een naar de ander gefluisterd, dringt in de omringende kamers door en verspreidt zich over het hele fort: massamoord. Ten slotte neemt Joseph Bracops, een Brusselse socialist, het woord. 'Ons enige wapen is de gerechtigheid van onze zaak en dat wapen kunnen ze ons nooit afnemen', zegt hij. 'En ik wil nog iets zeggen.' 'En dat is?' vraagt kameroverste Van Borm. 'Ze kunnen ons vermoorden', vervolgt Bracops, 'maar ze zullen niet overtuigen, want om te overtuigen moeten ze overreden. En om te overreden hebben ze nodig wat ze missen: rede en recht in de strijd.' De muren hebben oren. Het duurt niet lang of Prauss is op de hoogte van de toespraak. Bracops en Van Borm worden op het matje geroepen en krijgen er flink van langs.

Het is al over elven als een paar gevangenen de levenloze, met bloed bedekte lichamen in doodkisten leggen. Daarbij valt op dat verscheidene slachtoffers sporen van kogels in het hoofd vertonen. Vervolgens laden ze de kisten op een wagen van de Wehrmacht. Op de Nationale Schietbaan in Brussel worden de naakte lijken in een massagraf geworpen. De kisten worden weer naar het fort gebracht en daar opnieuw gebruiksklaar gemaakt.

Als de Gestapo schoolmeester Jan Van Calsteren en zijn drie metgezellen in Breendonk afzet, zijn de SS'ers uitbundig de terechtstelling van de twintig gijzelaars aan het vieren. De stemming zit er goed in. Van Calsteren hoort hen in de verte zingen en lachen. Pitz en Von Hören duwen de jonge Antwerpenaar een kantoor binnen. 'Hier is nog een terrorist', zeggen ze trots. Wyss, De Bodt, De Saffel en Lampaert zitten bier te drinken. 'Ga je eindelijk bekennen', vraagt Wyss, terwijl hij nog een biertje pakt. Van Calsteren doet zijn mond open, kijkt naar Wyss en doet hem weer dicht.

De ss'ers verliezen hun geduld. 'Vierhonderdvierundfünfzig. Zum Bunker!' roept luitenant Prauss. Even later staat Van Calsteren al in een gewelfde kamer die nog naar metselwerk riekt. Hij krijgt van Wyss enkele rake klappen, zodat hij hard met het hoofd tegen de muur botst. Het flitst door z'n hoofd: 'Jan, de moed niet opgeven, nooit, geen seconde. Want wie de moed opgeeft, is verloren.' Daarna zet Lampaert de ondervraging voort. 'Als je ook maar enig verstand hebt, vertel je ons met wie je samenwerkt', zegt hij, naar zijn laarzen starend. Van Calsteren bijt zich op de tanden en zwijgt. Dan laten de ss'ers hem in de gang neerhurken, de handen geboeid onder het zitvlak. Pas na een paar uur wordt hij losgemaakt. Hij valt bewusteloos om en als hij bijkomt, smeekt hij: 'Water! Ik wil water.' De grote, blonde De Bodt staat wat verderop zijn handen te wassen in een zinken kom. Hij loopt op Van Calsteren toe en giet het vuile water in diens gezicht. 'Château de Breendonk', grinnikt hij.

Ontdaan en versuft wordt Van Calsteren naar cel 8 gesleept. Achterin onderscheidt hij een doodsbleek schepsel met uitpuilende ogen. 'El Greco', denkt Van Calsteren onwillekeurig. Het duurt minuten voor de onbekende iets zegt. Het eerste wat hij vraagt, is: 'Heb je recepten, maat?' 'Recepten?' Van Calsteren begrijpt het niet. De onbekende had Frans gesproken. 'Des recettes', had hij gezegd. Bedoelde hij soms doktersvoorschriften? Voor wie? De onbekende herhaalt: 'Mais oui, des recettes... pour cuisiner, enfin.' Heel even twijfelt Jan aan zijn verstandelijke vermogens tot het tot hem doordringt dat de uitgemergelde stakker van de honger hallucineert. Van Calsteren zucht en vlijt zich op de ongemakkelijke harde plank neer. Het is wel genoeg geweest voor vandaag, vrijdag de dertiende.

DE LUIZENVANGER

Op een dag, kort voor het vallen van de avond, arriveert een Russische krijgsgevangene die uit de mijn van Winterslag is ontsnapt en acht dagen rondgezworven heeft. Prauss verzamelt iedereen op de binnenplaats. 'Gevangenen!' buldert hij, 'jullie zijn communistische oproerkraaiers, maar weten jullie wel wat het communisme is?' De situatie nodigt niet uit tot antwoorden. 'Haha, jullie weten het niet!' De luitenant grijpt de Rus bij de kraag. Die is lijkbleek, bebloed, ongeschoren en in lompen gehuld, zelfs zijn moeder zou hem niet herkend hebben. 'Wel', zegt de luitenant, 'Kijk goed, dit is het communisme!' Prauss moet om zijn eigen woorden lachen. 'Leve het nationaal-socialisme! Heil Hitler!' besluit hij. En de aanwezige SS'ers strekken glunderend de arm.

's Avonds bespreekt nummer 202, Alfred Musin, het voorval met zijn buur Gaston Hoyaux. Op zijn strozak liggend, de handen in de hals gevouwen, zegt Musin tegen de medewerker van *Le Peuple*: 'De luitenant geeft af op het communisme, maar hij zou beter een einde maken aan de tragedie van Breendonk.' Hij wil er nog iets aan toevoegen maar Hoyaux geeft te kennen dat hij doodop is en wil slapen.

De volgende morgen verschijnt Prauss in de deuropening. 'Tweehonderdtwee! Honderdzesennegentig!' schreeuwt hij. Hoyaux en Musin moeten hem volgen. Ze passeren het lijkenhuisje met daarin een hoop op elkaar gestapelde doodkisten, slaan de hoek om en staan voor 'de bunker'. Musin moet het eerst naar binnen. 'Jij hebt gisteren commentaar gegeven op mijn redevoering. Heb je iets tegen mij?' 'Nee, nee, ik heb alleen gesproken over m'n zoon die aan de Universiteit van Luik studeert.' 'Leugenaar!' Buiten hoort Hoyaux het geluid van een katrol en dan van zweepslagen. Verder een sinistere

stilte, alsof Musin van zijn spraak beroofd is. Enkele ogenblikken later wankelt die verdwaasd naar buiten.

'Honderdzesennegentig!' tiert de luitenant. Hoyaux betreedt
een kaal vertrek met witgekalkte muren. Links staat een bad-
kuip en op een tafel liggen allerlei middeleeuwse marteltui-
gen uitgestald: een tang, duimschroeven, hoofdklemmen,
elektrische naalden, ijzeren staven, houten spiezen... Prauss
stelt de vragen, De Bodt vertaalt ze en Wyss houdt zich voorlopig afzijdig. 'Heb je gisteren met nummer 202 gepraat?'
'Ja.' 'Waarover?' 'Over zijn vrouw en zoon.' 'En over mijn
toespraak?' Hoyaux schudt het hoofd.

Zenuwachtig weegt de luitenant de gummiknuppel in zijn
hand. 'Er staat je een pak slaag te wachten als je blijft lie-
gen.' 'Dat zou werkelijk onrechtvaardig zijn', repliceert
Houyaux tot zijn eigen verrassing. Prauss springt op en
schreeuwt: 'Pas op je tellen, vriend. Duitsers zijn nooit
onrechtvaardig.' Om dat te onderstrepen wordt Hoyaux op
de tafel gesmeten en aferanseld. Zijn gehuil gaat door
merg en been. Vlugger dan verwacht houden de SS'ers op
met hun sadistische spel.

Terug in de kamer grijnzen Hoyaux en Musin elkaar vol verstandhouding toe. 'Misschien had ik al moeten gaan gillen
voor ze aan het folteren sloegen', zegt Hoyaux.

Midden januari breekt een luizenplaag uit. De beestjes vreten
zich een weg vanuit de vunzige, naar bloed en urine stinkende
strozakken en tasten alles en iedereen op hun weg aan. Voor
iedere dode luis komen er blijkbaar honderd in de plaats.

Jules Gysermans heeft er zo veel last van dat hij al zijn moed
samenraapt en Prauss inlicht. De reactie van de luitenant laat
zich raden. 'Het ligt aan jullie slechte hygiëne', zegt hij en de
postbeambte krijgt als toegift een paar oorvegen.

De epidemie wordt haast onbeheersbaar. Uiteindelijk kan Prauss de zaak niet langer negeren. Op een morgen stormt hij kamer 7 binnen. 'Iedereen naar het stortbad', beveelt hij. Na de douche wordt iedereen volledig kaalgeschoren en vervolgens met bruine zeep ingewreven. De zeep dringt diep in de wonden, puisten, zweren en etterbuilen en veroorzaakt een vlijmende pijn. 'Als dit allemaal niet baat, dan moet jullie hoofd eraf', grijnst Prauss. De luitenant laat ook nog de strozakken uit de kamer verwijderen, zodat Gysermans en zijn makkers enkele weken op de houten latten moeten slapen.

De honger, de ontberingen en mishandelingen blijven een zware tol eisen. Op 18 januari sterven nummers 1, 228 en 460. Jan Van Assche, een taxichauffeur uit Willebroek, brengt de lijken met zijn rode Chevrolet naar het hospitaal aan de Kroonlaan te Brussel. Daar laat hij de lijken achter met een touwtje om hun nek, waaraan een kartonnetje hangt met hun nummer erop.

Twee dagen later bombardeert Jean de Sélys de Longchamps in zijn eentje het gebouw van de SS-politie aan de Louizalaan in Brussel. Van het hoofdkwartier blijft niets meer over dan een brandende puinhoop. De nazi's zijn in alle staten en pakken lukraak zeventien kijklustige burgers op, onder wie Marcel Van Boom, een onderofficier.

Bij zijn aankomst in Breendonk stapt De Bodt op Van Boom af. 'Geef me een hand', zegt hij. De onderofficier doet net of hij hem niet verstaat. 'Je hand!' herhaalt de SS'er bars, maar Van Boom reageert niet. Als de SS'er voor de derde maal zijn bevel schreeuwt, steekt de onderofficier aarzelend zijn hand uit, waarop De Bodt er als een razende op begint te slaan. 'Hoe gaat het?' vraagt hij venijnig. 'Vrij goed. Beter dan verwacht in ieder geval', zegt Van Boom. 'Echt?' informeert De

Bodt ironisch en hij slaat hem een paar tanden uit. Van Boom wordt daarna met rust gelaten. De volgende dag, om halfzes in de namiddag, krijgt hij zijn spullen terug, maar zijn geld, sieraden en andere waardevolle dingen zijn foetsie. Net voor zijn vertrek vraagt een SS'er: 'Je hebt toch niet te klagen?' 'Nee', antwoordt de onderofficier die maakt dat hij wegkomt.

DE SPIONNE

Op 21 januari wordt de gepensioneerde generaal Emile Lartigue, een vrijmetselaar, door negen overvallers in zijn woning vermoord. De daders komen uit de inlichtingendienst van de DeVlag van Robert Verbelen, die blind gelooft in een joods-maconiek-communistisch complot. Het net rond het verzet wordt verder aangehaald. De partizanenleiders Victor Thonet, Raymond Geenen, Benoît Michiels en Thodor Angheloff zitten al in Breendonk waar ze het gezelschap krijgen van Jean Blume, het hoofd van de jeugdorganisatie van het Onafhankelijkheidsfront.

Op een ochtend schrikt Blume wakker. Slaperig gaat hij op de rand van zijn smalle plank zitten en kijkt de halfduistere kamer rond. Plotseling zegt iemand in de verste hoek: 'Hallooooo. Is daar iemand?' Blume kan de vrouwenstem niet onmiddellijk thuisbrengen, toch komt ze hem vaaglijk bekend voor. Dan schiet het hem te binnen. Dit is de stem van Mira, die voor de oorlog een tijdje als secretaresse werkte voor zijn moeder.
'Mira, bent u het?' vraagt hij voorzichtig. 'Hoe maakt u het?' 'Vreselijk slecht. Ik kan nog maar amper op mijn benen staan.' Na een tijdje informeert ze: 'Zijn de geallieer-

den al geland?' Blume aarzelt even voor hij antwoordt. 'Dat zou ik niet kunnen zeggen, maar sinds nieuwjaar zijn de Russen in de aanval en moeten de Duitsers op alle fronten wijken. Het ziet er goed uit.' In de gang horen ze zware stappen die dichterbij komen. 'We geven de moed niet op', besluit Mira.

Sinds enkele dagen zit in kamer 5 Marguerite Paquet, negenentwintig, geboren in Saint-Servais, een knappe vrouw met scherpe gelaatstrekken die bij geen enkele verzetsgroep is aangesloten. De Duitsers verdenken haar van spionage.

Op 23 januari wordt ze naar 'de bunker' gebracht waar Schmitt, Prauss, Wyss en twee leden van de Brusselse Gestapo haar uitkleden en afranselen maar Paquet slaat niet door. Alles begint voor haar ogen te draaien. De ondervragers trekken haar met de katrol omhoog met haar handen achterop haar rug samengebonden, zodat haar armen uit de kom schieten. Daarna vicren ze het touw en laten haar op een puntig houten blok vallen. Dat herhalen ze tot Marguerite niet meer reageert.

Ze ligt als een vod op de grond met het hoofd opzij en ziet een paar goed gepoetste zwarte laarzen, die bijna haar hele gezichtsveld in beslag nemen. Als ze omhoog kijkt buigt Fliegauf, de Duitse verpleger, zich over haar heen. 'Blijf daar niet liggen', zegt hij, 'je ligt in de weg.' Daarop geeft hij haar een spuitje met een of ander middel. Als ze uiteindelijk overeind krabbelt, zegt één van de SS'ers: 'Laat haar maar, ze heeft genoeg gehad.'

Marguerite is nog niet aan het einde van haar kruisweg. Nog zesmaal wordt ze in 'de bunker' gefolterd. Nu eens pletten de beulen haar vingers, zodat haar nagels uitvallen. Dan weer doven ze hun sigaretten op haar rug en breken drie van haar rugwervels.

Uiteindelijk belandt Marguerite in cel 16. Op een opklapbare plank ligt een uitgerafelde deken, in een hoek staat een confituurpot zonder deksel en het stinkt er naar urine en braaksel. Ze moet de godganse dag rechtop blijven staan.

Een wachter loopt in de gang heen en weer en registreert elke beweging. Elke morgen volgt hij Marguerite als ze de confituurpot naar de wc brengt met een blauwe zak over het hoofd zodat ze alleen de neuzen van haar schoenen ziet en de urine over de rand van de pot op haar kleren gutst.

De Waalse partizaan Benoît Michiels die in een andere cel zit, kerft de naam van zijn moeder in de muur. Hij mist zijn vrienden, zijn familie en de dagelijkse routine. Hij denkt aan Julien Forneville, de vader van zijn vriendin, die negen maanden geleden aangehouden werd. En hij vraagt zich af hoe het zou zijn met zijn broer Theo, die verantwoordelijk is voor *Solidariteit*, de vereniging die families van aangehouden verzetsstrijders helpt.

Benoît hoort iemand hoesten, hoesten, hoesten. Hij spitst de oren. Is dat zijn broer Franz? 'Hallo, ben jij dat, Franz?' Het duurt lang voor er een positief antwoord komt. Benoît is als aan de grond genageld. 'Hoe lang zit je hier al in Breendonk?' 'Sinds 23 januari.' Fluisterend vraagt Benoît: 'Hoe kom je hier? Hoe staan de zaken?' 'Ik kan niet veel zeggen want...' De komst van de bewaker breekt hun gesprek af. Franz verhuist naar kamer 12 waar een heleboel partizanen uit Charleroi en de Borinage zitten. Benoît ziet hem niet meer terug.

Dinsdag, 26 januari. De Brusselse postbeambten Jules Gysermans, Désiré Piens en zeven andere gevangenen krijgen hun burgerkleren terug. Gysermans heeft 50 kilo verloren en ziet eruit als een skelet. Hij trekt zijn veel te ruime broek aan en bindt ze vast met een touw om de lenden. Wyss zit op de rand van een tafel, terwijl een jood zijn laarzen poetst. Zijn blik glijdt langs de twee postboden en uitdagend wijst hij naar de doodskop op zijn pet. Gysermans draait zijn hoofd van hem weg, tekent haastig een document waarop staat dat hij 'in goede gezondheid' verkeert en loopt de brug op, de vrijheid tegemoet.

Hij holt naar een dichtbijgelegen huis, een herberg, en zakt er hijgend op een stoel. De cafébazin kijkt hem met grote ogen aan. 'Je ziet eruit alsof je in weken niet hebt gegeten', zegt ze bezorgd. 'Niet veel', bekent Gysermans. Even later brengt ze hem koffie en boterhammen. Gysermans leunt naar voren, snuift de verrukkelijke geur op en propt haastig alles naar binnen. 'Rustig maar', zegt ze. 'Er is genoeg te eten.'

DE POLITIECOMMISSARIS

Er is niets erger dan honger. Men staat ermee op en gaat ermee naar bed. Men denkt op den duur aan niets anders meer.

Ook Victor Trido is tot alles bereid om aan eten te komen. De politiecommissaris van La Bouverie gaat op zoek naar voedselresten op de vuilnisbelt en is blij als hij een paar schillen, een stuk biet of een aardappel vindt. Niets versmaadt hij, zelfs geen blaren of wortels, gras, onkruid of aardwormen. Tussendoor zuigt hij op broeksknopen om de honger te onderdrukken. 's Nachts droomt hij altijd opnieuw dat hij een overvloedig maal voorgezet krijgt: hij propt het servet in het front van zijn overhemd, bedient zich van de op een speciale manier bereide vis, schenkt zich een glas rode wijn in, heft het glas, kijkt gelukkig naar het heldere vocht en het waas dat over het glas trekt en... schrikt wakker.

Na zo'n nachtmerrie begint Trido zonder veel enthousiasme aan zijn schamele ontbijt. De verdeling van de 'koffie', een lauw brouwsel dat naar teer smaakt, lokt keer op keer heftige emoties en ruzies uit. Er wordt zelfs gevochten om het drabberige koffiedik, maar daar doet Trido niet aan mee. Hij kan niet tegen al dat mensonwaardige gekibbel.

's Middags wordt de soep netjes over 48 kommen verdeeld en beslist het lot wie welk kommetje krijgt en wie de lege soepketel uit mag likken. 's Avonds is het hetzelfde liedje. Alles draait om eten. 'Zal ik het brood vanavond opeten of zou ik het niet beter tot morgenochtend bewaren?' 'Zal het me niet ontstolen worden?' 'Waar zou ik het kunnen verstoppen?'

Generaal Blum van de medische dienst beseft dat er iets moet gebeuren. Op 27 januari vertelt hij von Craushaar, de ondervoorzitter van het Militaire Bestuur, dat de toestand in Breendonk kritiek is. Hoeveel slachtoffers er sinds 1 december 1942 aan ondervoeding omgekomen zijn? Blum spreekt van minstens negen doden. 'Steeds meer gevangenen zijn zo verzwakt dat de geringste aandoening hen fataal wordt. Iedereen sterft een langzame hongerdood', besluit hij. Von Craushaar belooft de zaak met de SIPO/SD te bespreken. De tijd dringt want de volgende dag overlijden Filip Lamm en Nusem Zybenberg amper twee weken na hun aankomst.

Begin februari is het lot van de Duitse troepen in Stalingrad bezegeld. Op dinsdag, 2 februari, geven negentigduizend soldaten en 24 generaals zich over. Voor het eerst krijgt Hitlers prestige een onherstelbare deuk. Duitsland rouwt drie dagen lang en in Breendonk moeten de kampbewoners boeten voor de smadelijke nederlaag aan de Wolga.

Politieagent Fernand Huet uit Jumet ondervindt het aan den lijve. Huet, helemaal vel over been, helpt een ontspoord wagentje dat met zand beladen is opnieuw op de rails te zetten. Zugführer Ferdinand Daumeries, een slager uit zijn gemeente Jumet, begint daarop te roepen: 'Snel, snel, leeglopers. Komt er nog wat van?' Huet gebaart dat hij moet zwijgen, maar dat haalt niets uit. Door het lawaai gealarmeerd komen Wyss en De Bodt aanzetten. Ze zwaaien met hun karwatsen en raken daarbij Huets linkeroog dermate hard, dat er slechts een donkere holte van overblijft, waaruit urenlang bloed druppelt. De politieman kan bijna niets meer zien, maar moet toch doorwerken. Als hij struikelt of zand naast het wagentje gooit, slaat Wyss erop los. Huet vreest dat het met hem afgelopen is.

Dankzij Emile Maufort kruipt de politieman door het oog van de naald. De vriendelijke brandweerman uit Charleroi helpt Huet telkens weer overeind. 'Je moet je leven niet voor mij wagen', protesteert Huet. De jonge brandweerman glimlacht alleen maar, spuwt in zijn handen en werkt voor twee.

Na Stalingrad laat Wyss zich helemaal gaan. Als hij weer eens een van zijn kuren heeft, springt hij op een vol karretje om het extra te verzwaren of om een botsing te veroorzaken. Op een keer staat hij triomfantelijk op zo'n wagen te roepen: 'Ik ben Napoleon! Ik ben Napoleon!' Als hij Jan Van Calsteren passeert, begint hij hem uit te kafferen. 'Ha, onderwijzertje, belachelijk ventje!' spot hij, elk woord accentuerend met een flinke por in Van Calsterens ribben. 'Jij hebt misschien veel letters gegeten, maar van werken heb je geen verstand, hé.' Hij rukt hem de schop uit de handen en begint als een bezetene diens kipwagen vol te scheppen. 'Zo moet je dat doen. Eén, twee, drie! Dat is goed voor de spieren. Eén, twee, drie! En nu jij!' Van Calsteren probeert hem na te doen, maar na enkele minuten is hij al buiten adem. Wyss glundert, hij kan intellectuelen niet luchten.

Von Craushaar had beloofd de SIPO/SD te interpelleren. Hij houdt woord. Op 11 februari, om tien uur 's ochtends, ontvangt hij kampcommandant Schmitt in de Wetstraat 12 te Brussel in aanwezigheid van kampdokter Pohl. Blum, het hoofd van de medische dienst, weet waarover hij praat. 'Sinds 1 oktober zijn al 25 gevangenen ten gevolge van allerhande ontberingen omgekomen', zegt hij. 'En een kwart van de kampbewoners vertoont tekenen van ernstige lichamelijke uitputting. Het is van kapitaal belang dat zeker degenen die werken hogere rantsoenen krijgen.' 'Het valt niet te ontkennen', valt von Craushaar hem bij, 'dat het hoge sterftecijfer het prestige van de militaire bevelhebber ernstig schaadt. We kunnen de gevangenen niet zomaar laten creperen. Dat zou politiek hoogst onverstandig zijn.' De ondervoorzitter van het Militaire Bestuur kijkt Schmitt vragend aan. De SS'er schijnt helemaal niet onder de indruk. 'We houden een heleboel partizanen in verzekerde bewaring', repliceert hij koel. 'Dat moet geheim blijven en voor die elementen krijgen we geen voedsel.' Hij wil er liever niet te veel woorden aan vuilmaken, dat is duidelijk. 'Kunt u de gevangenen niet wat minder lang laten werken?' probeert von Craushaar. 'Er wordt nog maar 44 uur gewerkt, namelijk vijf dagen van acht uur en 's zaterdagsochtends', zegt Schmitt. 'Ik zie niet in hoe ik de arbeidsduur nog verder kan verminderen zonder de discipline in het gedrang te brengen. Als je hen even hun gang laat gaan, is er geen houden meer aan.'

Schmitt had het over het grote aantal partizanen in Breendonk. Eén van hen is de Bulgaar Thodor Angheloff, de stichter van het Mobiele Korps. Hij draagt de letter 'T' van 'terrorist' op zijn gevangenisuniform en zit in een cel vlak bij die van de Aalstenaar Bert Van Hoorick. Op een nacht hoort die lallende SS'ers in de gang. 'Ich schiesse die Terroristen alle tot', brult iemand. Meteen rukken ze de celdeur open. Van Hoorick springt in de houding en zegt: 'Häftling 402!' De Aalstenaar kijkt naar de dronken gezichten van Wyss, De Bodt, Prauss en Schmitt. Hij houdt vooral Schmitts hond in het oog en ziet dat het dier ongeduldig schijnt te wachten op het ogenblik dat het losgelaten zal worden. 'Hasst du gesprochen, Schweinehund?' zegt de commandant bars. Van Hoorick denkt wel even na voor hij iets zegt.

Tot zijn opluchting waggelen de SS'ers verder. Ze openen de cel van Angheloff en Lump springt tegen de Bulgaar op. In een reflex slaat die zijn ketens stevig om de nek van het jankende beest. De SS'ers doen haastig de celdeur op slot en trekken zich in de gang terug, maar eerst vuurt Schmitt met zijn pistool nog een salvo tussen de tralies af. Van Hoorick wacht tot de voetstappen van de wachter Hans Hassler wegsterven. Dan stamelt hij: '21.' 'Hij heeft me gemist', fluistert Angheloff bedaard.

Verderop in de gang becommentariëren Hassler en de Duitse verpleger Fliegauf luid het voorval. Hassler is een gedecoreerde oorlogsinvalide die een beetje mankt. 'Het is toch godgeklaagd, een SS-officier die iemand mist zelfs als hij er met zijn neus bovenop staat', zegt hij geringschattend.

De diamantslijper

De 'gestrafte' joden die op 11 januari uit Mechelen zijn overgekomen, verblijven in kamer 2. Ze zien de toekomst verre van rooskleurig in sinds de dood van Filip Lamm en Nusem Zybenberg. Eind februari is Samuel Natanson bij de vestinggracht grond aan het egaliseren als De Bodt en Wyss opeens vier van zijn kamergenoten in het groezelige water gooien. De diamant-slijper uit Minsk, 26 jaar oud, is als aan de grond genageld. Het is alsof iemand een ijskoude hand op zijn hart legt. De drenke-lingen kruipen uit de gracht, maar zodra ze voet aan wal willen zetten, slingeren de SS'ers zand en slijk in hun gezicht. Uitein-delijk vissen ze de arme sloebers toch op om ze daarna, meer dood dan levend, achter te laten.

's Nachts flitsen de beelden van de vier slachtoffers door Natansons hoofd. Ze komen net als hij uit Antwerpen: Lubka Leibusch (dertig jaar, zijn vader is schilder), Bernhard Kolins-ky (38 jaar, reiziger in elektrische artikelen), Albert De Leeuw (48, woonachtig in de Stanleystraat) en Wolf Fliechtenreich (20, zijn vader, een beroepsmilitair, zit ook in Breendonk). Zes kamergenoten zijn nu al in korte tijd aan hun eind geko-men. 'Er is nog meer onheil op komst', zegt Natanson tegen zijn buur. 'Kun je hier dan soms iets anders verwachten?' ant-woordt die schouderophalend.

Op 3 maart gooien De Bodt en Wyss de 30-jarige Isaac Alt-baum in de gracht, zomaar zonder aanleiding. Zijn jongere broer Jozef staat erbij en ziet hoe Isaac, een van de beziers van de Joodse Arbeiders Sport Klub in Antwerpen, wanhopig spartelt om boven te blijven. De SS'ers slaan met hun schop, gooien met stenen en slijk en juichen als ze Isaac treffen. Jozef knielt neer alsof hij wil gaan bidden. 'Spaar hem alsjeblieft', smeekt hij. 'Schreeuw niet zo of je gaat er ook aan', snauwt Wyss, die niettemin toestaat dat Jozef zijn broer uit het water sleurt.

De SS'ers laten het er echter niet bij. Ze delven een kuil, rol-len de zieltogende Isaac erin en gooien de kuil weer dicht, zodat alleen zijn kruin nog boven de grond uitsteekt. Er rest

Jozef niets anders dan zijn dode broer naar de ziekenzaal te dragen. 's Anderendaags ligt het stoffelijke overschot in de badzaal opgebaard. 'Hij zit nu aan aan Gods tafel in het hemelrijk', gniffelt Wyss, terwijl hij met een stokje de oogleden van de overledene probeert te openen.

Vrijdag, 5 maart is een koude dag. Er staat een zwakke wind die de wolken traag voortdrijft. De Brusselaar Jacques Loitzanski, een 25-jarige onderofficier, vormt een ploeg met vier Antwerpenaars: Albert Spiero, een violist; Wolf Hardlooper, een diamantbewerker; Leonard Jacoby en zijn neef Louis, allebei marktkramers.

Opeens beginnen De Bodt en Wyss wild met hun schoppen te zwaaien en de vijf achteruit te dringen tot ze in het vuile water tuimelen. Natanson kijkt benauwd toe. Tegen de tijd dat de lichamen uit het water zijn gehaald, staan er een stuk of twintig mensen omheen. Natanson duwt de omstanders opzij en bemerkt dat alleen Leonard Jacoby nog leeft. 'Raap je vrienden op', zegt Wyss tegen Leonard. Die probeert een van zijn dode makkers op te tillen, maar hij valt meteen omver en blijft voorover op de grond liggen. Wyss wendt zich nu tot Natanson. 'Gooi hen maar alle vier op een kruiwagen en leg hem er bovenop', zegt Wyss wijzend naar Leonard Jacoby, die inmiddels weer bij kennis is gekomen. 'Bonjour, Jacoby', schertst Wyss wanneer Natanson hem passeert.

Een stoet joden strompelt achter Natanson aan, terwijl ze op bevel van de SS'ers het 'vrijheidslied' zingen:

> *De wind is zacht*
> *En het bloed is heet*
> *De dochter is ver weg*
> *Maar ik hou erg veel van haar*

Als ze tenminste trouw is
Zeker, ze is me trouw gebleven
De stenen zijn hard
En onze pas is ferm
We dragen de pikhouwelen
En de schoppen
En de liefde in ons hart, in ons hart

Dus wanhoop niet
Zelfs als je hart breekt
Wat er ook gebeurt
De dag breekt weldra aan
En de hoop zal niet verdwijnen
Geef niet op, kameraad,
Laat de moed niet zakken
Want in ons bloed
Zit de drang om te leven
En het geloof zit in ons hart, in ons hart.

Leonard Jacoby knapt langzaam wat op, maar Natanson is nu meer dan ooit op zijn hoede. Op een dag geeft Wyss hem een harde por in de rug, zodat hij met schop en al in de gracht valt. Natanson kruipt er weer uit, maar zijn schop is onvindbaar.

In de namiddag dobberen Prauss, Wyss en De Bodt in een bootje op het vestingwater. De Bodt wijst naar Natanson en zegt: 'Die daar heeft zijn schop verloren.' De SS'ers doen Natanson teken dat hij tot bij hen moet komen. De Antwerpse diamantslijper stapt in het koude water, maar de SS'ers varen steeds verder van hem weg, zodat hij door het water moet waden tot het aan zijn hals reikt. 'Je hebt je schop verloren?' vraagt Prauss. Natanson knikt bedeesd. 'Dat is sabotage', roept de luitenant. Hij stopt de jood een lange stok in de hand en beveelt hem de schop te zoeken. Natanson vist wel een uur lang in het grauwe water. Geen schop te vinden. Ten einde raad vraagt hij er een aan een maat.

Even later keren Wyss en De Bodt terug. Natanson tracht hen wijs te maken dat hij zijn schop heeft gevonden, maar ze geloven hem niet. Een van de twee SS'ers trekt zijn revolver en zegt terwijl hij op zijn polshorloge kijkt: 'Je krijgt welgeteld vijf seconden om mij te vertellen wie je deze schop heeft gegeven.' Natanson geeft geen kik. Daarop roepen de SS'ers alle joden samen. 'Wie heeft hem die schop gegeven?' vragen ze nors. Niemand zegt iets. Kahn, de Zugführer, zegt tegen De Bodt: 'Natanson heeft een Belgische vrouw. Die kan die schop wel betalen.' Opeens pakt De Bodt Natanson vast, slaat diens brede broekriem om een balk en hangt de jood boven de houten brug die de oevers van de vestinggracht met elkaar verbindt.

Daar hangt Natanson zo'n meter boven de grond. Telkens als de kipwagens passeren moet hij zijn benen optrekken om te voorkomen dat ze tegen zijn enkels knallen. Radeloos roept hij: 'Mijn God.' Waarop Wyss antwoordt: 'Wat zeg je? Een jood heeft toch geen God!' Hij steekt een stok in Natansons mond, duwt hem een schop in iedere hand en verplicht hem de armen te spreiden. Op dat ogenblik wordt Wyss door Prauss weggeroepen, zodat De Bodt alleen achterblijft. 'Ben je er zeker van dat er een God bestaat?' vraagt hij met een uitgestreken gezicht. 'Ik neem aan dat je geregeld naar een synagoge gaat, dus kun je toch wel zingen, hé', vervolgt hij. 'Wel, ik maak je los als je voor mij een liedje zingt.' Natanson zingt een deuntje, als men het zingen mag noemen. Maar goed, De Bodt is tevreden en de omstanders mogen Natanson uit zijn hachelijke positie bevrijden. Ze vormen een kring om hem heen, alsof ze hem voor verder onheil willen behoeden.

De zwemkampioen

Commandant Schmitt heeft in Mechelen een uitgebreide schaduweconomie laten opbloeien. Er is een werkplaats voor papierverwerking en gedetineerde kleermakers werken bijna veertien uur per dag in twee naaiateliers en in een bont- en leerwerkplaats, waar ze kleren, ondergoed, riemen en tassen maken. Op de koop toe laat Schmitt meubelen, tapijten en allerhande kostbaarheden bij gevangenen weghalen en naar Duitsland overbrengen. De commandant zorgt goed voor zichzelf, dat staat vast.

De geruchten over corruptie en persoonlijke verrijking, bereiken vanzelfsprekend Ernst Ehlers, het hoofd van de SS-politie in Brussel, die er niet over te spreken is, want de Belgische SS-afdeling staat in Berlijn toch al niet hoog in aanzien. In geen enkel bezet land verloopt de deportatie van joden immers zo moeizaam. De vlucht van 64 joden uit de negentiende deportatietrein, in januari 1943, heeft de spanning tussen Brussel en Berlijn op scherp gezet. Voor Ehlers is de maat vol. Hij besluit grote schoonmaak te houden. Op 1 maart 1943, terwijl Schmitt met vakantie in Duitsland is, stuurt hij SS-Sturmscharführer Gerhard Frank naar Mechelen. Die lost er Rudolf Steckmann af, die naar Breendonk overgeplaatst wordt.

Maar Schmitt onderneemt niets om De Bodt en Wyss in het gareel te houden. Die straffeloosheid zet de Vlaamse SS'ers ertoe aan om voortdurend opnieuw te beginnen. Ongeveer zoals verslaafden die hun toevlucht tot steeds sterkere middelen nemen. Ze sluiten een weddenschap af: wie op één dag de meeste slachtoffers maakt, krijgt een fles cognac.

Maandagmorgen, 8 maart. Er waait een ijzige wind uit het

noorden. Rillend van de kou staat August Leleu, een mijn-werkerszoon uit Châtelet, naast politiecommissaris Trido te zwoegen. Binnenkort wordt hij achttien. Met zijn ingevallen wangen en diep in hun kassen liggende ogen ziet hij er echter veel ouder uit.

De Bodt loopt langzaam op hem toe. 'Wel knuppel, maakt eens voort.' 'Ik bevries, Herr SS-Mann', antwoordt de jon-gen. De Bodt schatert het uit. 'Hij heeft het koud', zegt hij tegen Wyss. 'We gooien hem in het water, dan zal hij het wel warm krijgen', antwoordt de Antwerpenaar. De SS'ers voegen meteen de daad bij het woord. Telkens als Leleu uit de gracht wil klauteren, duwen ze hem er weer in. De jon-gen smeekt om genade, maar de SS'ers zijn niet te vermur-wen. Rond elf uur wordt Leleu door de communistische volksvertegenwoordiger Henri Glineur naar kamer 10 gedragen, waar kameroverste Paul Van Den Driessche uit Hemiksem zich over hem ontfermt. In de loop van de nacht overlijdt Leleu. De volgende morgen vraagt De Bodt sar-castisch: 'Waar is toch die Leleu?' Glineur is voldoende diplomatiek om de SS'er zijn succes te gunnen. 'Hij is dood', antwoordt hij zuinig.

Rond die tijd start VNV-leider Hendrik Elias met een nieuwe campagne om vrijwilligers voor het Oostfront te werven. Van Den Driessche is bij de kipwagens aan het werk als Wyss op hem afstuift. 'Lafaard!' brult hij. 'Jij bent veel te week om aan het Oostfront te vechten.' Van Den Driessche wil iets zeggen, maar Wyss is hem voor. 'Jij zult creperen', zegt hij en daarop slaat hij de kameroverste neer en begint op diens ribben te dansen tot hij ze hoort kraken. Dan vraagt hij verwonderd: 'Ben je nu nog niet dood?' Van Den Driessche heeft het geluk dat dokter Jean Royer, een politieke gevangene uit het Brus-selse, hem kan oplappen.

Ook de honger blijft slachtoffers maken. De rantsoenen werden nauwelijks verhoogd, zodat de gevangenen nog altijd moeten overleven op watersoep, nepkoffie, ongeveer tweehonderd gram brood, enkele klontjes suiker en wat jam. Op 11 maart schrijft kampdokter Pohl aan zijn superieuren dat sinds eind januari het aantal sterfgevallen tot zestien is gestegen.

De Duitse militaire bevelhebber heeft echter alleen maar oog voor 'de terreur' van het verzet die aan meer dan één collaborateur het leven kost. De Brusselse SIPO krijgt opdracht een lijst van tien gijzelaars op te stellen die als vergelding moeten worden terechtgesteld.

Op zondag, 14 maart houden politiecommissaris Trido en de Oostendse reder André Wittezaele Martial Van Schelle tegen zich aan om hem te troosten. De voormalige Olympische zwemkampioen heeft heel wat beleefd. Hij heeft Brussel een zwembad en een schaatsbaan geschonken en spectaculaire sportwedstrijden en skitochten georganiseerd. Het is een kwestie van uren voordat Van Schelle zal sterven. Dus praat hij tot diep in de nacht door over zijn sportcarrière, zijn vrienden, zijn familie. Hij kan de slaap niet vatten. Met open ogen blijft hij op zijn rug liggen, terwijl hij zijn hoofd licht op de schouder van Wittezaele laat rusten.

Voor het aanbreken van de dag is Van Schelle al op. Bij het afscheid, rond 6 uur, geeft hij zijn zakdoek als aandenken aan Trido. In de gang ontmoet hij de Antwerpenaar Jan Hertoghe en Nestor Falise, een handelaar uit Courcelles. De altijd en overal aanwezige Prauss dirigeert de tien gijzelaars naar een kamer waar Otto Gramann al op hen zit te wachten. De Weense aalmoezenier heeft enkele missalen en bijbels bij zich en deelt wat brood, chocolade en sigaretten uit. Hij helpt iedereen, gelovig of niet want de voormalige officier van de cavalerie moet niets van de nazi's hebben. Hij smokkelt zelfs berichten, die soms op sigarettenvloeitjes zijn geschreven, in zijn communiekelk naar buiten. Na een klein uurtje en nadat enkelen van hen gebiecht hebben, schrijven de gijzelaars een korte afscheidsbrief.

Dan vertrekken ze, de handen op de rug gebonden. Trido ziet de stoet voorbijkomen, een lange, onregelmatige rij die zich via de binnenplaats naar het executieterrein kronkelt. Aan het hoofd loopt Armand Broeckaert, een politieagent uit Jette, een beer van een vent, de rug kaarsrecht als van een soldaat, met Van Schelle achter zich aan die innerlijk rustig lijkt alsof hij weet wat hij op het spel heeft gezet en in zijn lot berust. Dan richt Trido de blik op Louis Everaert, een blinde piano-stemmer uit Laken, die nauwelijks zichtbaar is, verstopt als hij is achter een waas van sigarettenrook. Trido kijkt nog eens goed en ja, Everaert heeft echt een sigaret in zijn mond. Steu-nend met de ellebogen op een Duitse soldaat trekt hij er gul-zig en ongegeneerd aan.

Regen heeft het executieterrein in een glibberige modder-poel herschapen. De gijzelaars weigeren geblinddoekt te worden en nemen plaats in een klein putje, zo'n halve meter diep, dat voor elke paal is uitgegraven. Ze moeten hun jas uit-doen en hun polsen worden aan de palen vastgebonden. Ondertussen trekt de legerarts met een rood potlood een cir-kel op hun blote bovenlijven, zodat het vuurpeloton een dui-delijk mikpunt heeft.

Een officier schraapt zijn keel. 'Achtung! Durchladen! Anle-gen! Feuer!' De zenuwachtige soldaten doen hun werk slecht. Enkele gijzelaars leven nog en Van Schelle is niet eens geraakt. 'Mich erschiessen', hoort aalmoezenier Gramann hem roepen. De Bodt geeft hem het genadeschot. Het execu-tiepeloton vertrekt meteen en de tien lichamen blijven als poppen aan de palen hangen. Als alles achter de rug is, stapt De Bodt de kamer van Trido binnen. Doelend op Van Schelle zegt hij zelfvoldaan: 'Ik heb hem uit zijn lijden verlost.'

DE SLAGER

In zekere zin is Trido opgelucht dat hij kan gaan werken. Dat leidt hem tenminste af. Zijn ploegmaat is een grote, knappe kerel. Trido loert even om zich heen of niemand hem kan afluisteren, maar de SS'ers bevinden zich op veilige afstand. 'Is alles goed met u, vriend?' vraagt Trido. 'Ja', antwoordt de jongen aarzelend. 'En bent u politiecommissaris van La Bouverie?' Trido knikt en kijkt de jongen met halfdicht geknepen ogen aan. 'Hoe heet u?' 'Maufort. Emile Maufort.' Hij glimlacht bescheiden. 'Mijn vader is politieagent in Charleroi.' 'Waarom hebt u me dat niet meteen verteld?' reageert Trido verwijtend. 'Uw vader is een goede vriend van me en ik ken ook uw ooms, Jozef en Felix, die een schoenwinkel hebben.'
De jongen lijkt helemaal gerustgesteld en glimlacht weer. 'Mijn ouders weten niet dat ik in Breendonk zit', zegt hij. 'Ik zou hun graag een brief sturen, dan kunnen ze mij een paar nieuwe klompen bezorgen.' Hij kijkt meewarig naar zijn gapende schoenen. 'Luister, Emile', zegt Trido opgewekt. 'Ik kan niet toveren, maar ik zal doen wat in mijn vermogen ligt om u aan een paar klompen te helpen, dat beloof ik u.' En Trido houdt woord. 'Hoe kom je eraan, gejat?' vraagt Emile. 'Gekregen van een gefusilleerde en van kameroverste André Wittezaele', verduidelijkt Trido.

Er zitten begin april ruim vierhonderd gevangenen in het fort. De joden vormen hiervan slechts een kleine minderheid. Ze werken apart en egaliseren de grond langs de zuidwestelijke rand van de gracht, waar de kampleiding groenten en aardappelen wil verbouwen. De kanten van de gracht worden met puin van de oostelijke koepel verstevigd. Prauss heeft zich voorgenomen het werk tegen Pasen te beëindigen. Hij beschikt over drie ploegen: de SS'er Jan Pellemans heeft de leiding over de 'steenkappers'; Wyss 'ontfermt' zich over degenen die de kruiwagens en kipwagens laden en lossen; Richard De Bodt, ten slotte, houdt toezicht op de mannen die aan de gracht werken.

Vrijdag, 2 april. Wyss voert het werktempo op en kameroverste Fernand Daumeries, een slager uit Jumet, laat zich niet pramen. Désiré Mouffe van Courcelles, een struise kerel met brede schouders, kan het hoge tempo niet meer aan. Zijn wangen zijn ingevallen en op zijn achterhoofd heeft hij een puist zo groot als een noot, waaruit voortdurend etter vloeit. 'Jij hebt blijkbaar de tijd', foetert Daumeries. Daarop verplicht Wyss de jongen ertoe een versleten soldatenransel met stenen te vullen en die op de rug te dragen.

Mouffe kan zijn schop nog maar nauwelijks opheffen. Bij iedere schep zand die hij in de kipwagen werpt, knikt zijn hoofd omlaag. Het zweet gutst uit zijn nek. Politiecommissaris Trido hoort hem zwaar hijgen en ziet de angst in zijn uitdovende ogen groeien. 'Hou vol, de dag zit er bijna op', zegt de commissaris.

Na het werk draagt hij Mouffe naar de kamer. 'Het gaat wel', fluistert Mouffe toonloos. Hij heft het hoofd moeizaam op en vraagt met een wazige blik: 'Geloof je dat ik mijn vrouw en mijn dochtertje nog ooit zal weerzien?' Het zijn z'n laatste woorden. Even daarna is hij dood.

De dag dat Mouffe overlijdt, komen Edgard Marbaix en negentien Brusselse werknemers van de Nationale Arbeidsdienst in Breendonk aan. Ook de schilder Willem Pauwels, bekend als Wilchar, arriveert op hetzelfde moment. Hij is ontwerper van tientallen antifascistische affiches en wordt verdacht van de aanslag op Fritzian Hendrix, een topfunctionaris die zich bezighoudt met de tewerkstelling van werklozen in Duitsland. Op het legeruniform van Wilchar komt het kenteken van 'terrorist' en het nummer 1939. 's Avonds ligt Wilchar op zijn strozak, ongerust en gespannen. Naast hem is een jongen van een jaar of achttien aan het wenen. 'Wat is er aan de hand?' informeert de schilder. 'Niets', antwoordt de jongen. Zijn gezicht is wit en strak. Wilchar neemt hem in zijn armen. 'Maak je geen zorgen. Je kunt maar beter wat slapen', zegt hij, alsof het belangrijk voor hem is de onbekende lotgenoot daarvan te overtuigen.

De negentien Brusselaars beginnen aan hun corvee op de werf. Wyss heeft de schoppen, kleine en grote, kriskras op een hoop gegooid, zodat de gevangenen om de kleine Engelse exemplaren vechten. Edgard Marbaix, de directeur van de Nationale Arbeidsdienst, krijgt een kolenschop te pakken en begint de kipwagens te vullen. 's Avonds als het werk erop zit, maakt Marbaix een ruwe schatting van wat hij gepresteerd heeft. Volgens zijn berekeningen vervoert een kipwagen zowat een ton zand en heeft hij 24 ritten achter de rug. Het betekent dat hij zo'n vierentwintigduizend kilo aarde heeft verplaatst en zo'n twaalfduizend keer de spade in de grond heeft gestoken! De rekensom doet hem duizelen.

De 24-jarige Herman Liebaers zit per vergissing in Breendonk. De Gestapo heeft hem gewoon verward met zijn vader, die voor de oorlog één van de spilfiguren van de Anti-Oorlogsliga was. Herman Liebaers moet erom lachen als hij eraan terugdenkt. Ongelooflijk toch, zo'n persoonsverwisseling. Hij troost zich met de gedachte dat voor hetzelfde geld zijn vader hier zou gezeten hebben.

De Antwerpse kunstschilder Jan Suy, wiens broer Jozef eind november 1942 in Breendonk werd gefusilleerd, zit in een donkere, vochtige cel. Geregeld komt een bewaker voor z'n celdeur schreeuwen: 'Je gaat eraan net als je broer.' Schmitt laat op een keer zijn hond op Suy los. Lump blijft op een paar meters van Suy staan, kromt zijn rug, begint dreigend te grommen en vliegt de schilder dan naar de keel. Later wordt de Antwerpenaar zo brutaal gefolterd door een zekere Pitz dat hij op den duur zelfs zijn naam niet meer kan onthouden.

Louis Jodogne, een talentvolle Brusselse chirurg, is er niet veel beter aan toe. Enkele dagen na zijn aankomst, op 8 april, wordt hij in de vroege namiddag voor een verhoor onder vier ogen naar 'de bunker' gebracht. Met een beetje geluk komt hij er daar achter dat een verpleegster uit Rixensart hem heeft verklikt. 'Je hebt Engelse piloten verzorgd en hen van geld en valse papieren voorzien', zegt de ondervrager. De man spreekt uitstekend Frans en mist enkele vingers aan de linkerhand. Hij stelt aan één stuk door vragen, alsof hij ze van buiten heeft geleerd. Jodogne gaat er niet op in en blijft zwijgen. 'Ik geloof dat we niet opschieten als we alleen maar praten', hoort de chirurg de mannen in 'de bunker' zeggen. Jodogne wordt geslagen, geschopt, opgehangen maar hij blijft koppig zwijgen.

Vijf uur later heeft hij nog niets losgelaten. Hoe hardhandiger de beulen optreden, hoe minder ze uit hem krijgen. Zijn lichaam doet overal pijn en zijn gezicht is helemaal bebloed, zodat hij nog nauwelijks zijn beulen kan onderscheiden. Jodogne voelt zijn krachten wegvloeien en vreest dat hij het niet lang meer uit zal kunnen houden, maar dan hebben de ondervragers er genoeg van. Voor ze weggaan, binden ze zijn handen achter zijn knieën vast. Zo moet Jodogne nog twaalf uur lang blijven staan en dan brengt Prauss hem naar cel 21.

DE OVERVALLER

Nu de hoop op een Duitse overwinning zienderogen afneemt, beginnen de collaborateurs zich steeds minder op hun gemak te voelen. De Bodt durft zich in bepaalde cafés niet meer te vertonen. Hij heeft onlangs een dreigbrief van het verzet ontvangen. Dat zit hem hoog en hij besluit de zaak aan Prauss voor te leggen. Tijdens een appèl brengt de luitenant de kwestie ter sprake. 'Die bandieten moeten niet denken dat ze nog iets kunnen uithalen zonder te worden betrapt', gromt Prauss. Hij kijkt de gevangenen uitdagend aan. Dan wendt hij zich tot De Bodt. 'Geben Sie den Herrn Ihren Bescheid', zegt hij op een effen toon. 'Als de terroristen denken dat ze mij een kopje kleiner kunnen maken', gaat De Bodt verder, 'zijn ze aan het verkeerde adres.' De SS'er lacht groen. 'Zo Häftlinge, knoop dat maar goed in de oren en nu aan het werk!'

Kort nadien, op 14 april, wordt Paul Colin door drie kogels getroffen, terwijl hij zijn kantoor in Brussel verlaat. Colin is directeur van *Le Nouveau Journal* en van *Cassandre*; hij is erekorporaal van het Waalse Legioen, voorzitter van de pro-Duitse vereniging van Belgische journalisten en een van de belangrijkste vertrouwelingen van Rex-leider Léon Degrelle. Zijn dood is een zware slag voor de bezetter en zijn handlangers, dat staat vast.

'Onze tegenstanders willen bloed zien vloeien. Wel, ze zullen hun zin krijgen, ik zweer het', dondert Degrelle tijdens de begrafenisplechtigheid in het Brusselse Paleis van Schone Kunsten. Ook de Gestapo zint natuurlijk op wraak. Na een klopjacht rekent zij twee partizanen in: de 22-jarige André Berthulot en de 36-jarige Maurice Raskin, een industrieel tekenaar wiens twee ooms door de Duitsers werden vermoord. De twee worden naar 'de bunker' gebracht en vreselijk gefolterd, maar ze laten niets los over hun medestander Arnaud Fraiteur, een achttienjarige Brusselse student.

In de Dossin-kazerne rijden intussen vrachtauto's af en aan. Ze zetten telkens weer nieuwe ladingen joden af, zodat de slaapzalen langzaam maar zeker overvol raken. Gerhard Frank, de nieuwe commandant, bereidt dan ook het vertrek van de twintigste deportatietrein voor. Schmitts opvolger is een eerzuchtig man. Hij heeft niet veel op met de rommelige aanpak van zijn voorganger en hoopt door zijn efficiëntie in de achting van zijn oversten te stijgen. Maar enkele joodse partizanen, die beseffen dat ze niets meer te verliezen hebben, smeden plannen om te ontsnappen. Met een list weten ze allerlei gereedschap – hamers, zagen en bijlen – in hun bagage te verstoppen. En de kantoorbediende Eva Fastdag, een kennis van de partizaan Jacques Cyngiser, past in het geniep de deportatielijsten zo aan dat de samenzweerders in dezelfde wagons zullen komen te zitten.

Het toeval wil dat Hertz Jöspa, de oprichter van het Joodse Verdedigingscomité, op hetzelfde ogenblik de laatste hand legt aan een scenario om de twintigste deportatietrein te overvallen. De joodse communist legt zijn plan voor aan de partizanen en aan Groep G, die sabotagedaden voor haar rekening neemt, maar men vindt de actie te riskant. Het gevaarlijke karwei moet dan maar worden opgeknapt door drie onervaren jongeren, die elkaar kennen van het stedelijke gymnasium in Ukkel: de arts Youra Livchitz, de toneelspeler Jean Franklemon en Robert Maistriau. Ze beschikken over enkele tangen, een met rood papier beplakte stormlantaarn en een pistool.

Op maandagochtend, 19 april komt een goederentrein aan op de oude rails voor de Mechelse Dossin-kazerne. De gevangenen worden in een lange colonne naar de wagons gedreven. Daarbij ook oude bekenden uit Breendonk. De Oostenrijkse journalist Ernst Landau passeert met het nummer 221. Op zijn dijbeen zijn de beten van Lump nog goed zichtbaar. Herman Hirsch, die na een aanval van dezelfde Lump een been werd afgezet, draagt het nummer 800. Tegen de avond staan er 1631 mensen in de goederenwagons op elkaar geprot.

Rond tien uur 's avonds gaan de deuren dicht en trekt de lange trein zich op gang. Bij Boortmeerbeek, vlakbij Leuven, ziet de machinist een man op de rails met een rode vlag zwaaien. Het is Youra Livchitz. De trein mindert vaart en komt tot stilstand. Met het pistool houdt de jonge Youra de Duitse bewakers enkele minuten in bedwang, lang genoeg voor Robert Maistriau om enkele wagondeuren te openen. Zeventien gevangenen kunnen ontsnappen. Ze krijgen elk een briefje van vijftig frank voor de trein naar Brussel. Nog eens 231 andere gedeporteerden springen uit de rijdende trein voor die de Duitse grens bereikt. Helaas, een aantal van hen overleeft de vluchtpoging niet.

Terwijl de overval op de twintigste deportatietrein plaatsheeft, wachten vier partizanen – Maufort, Geenen, Michiels en Thonet – in de gevangenis van Sint-Gillis op hun terechtstelling. Rond drie uur 's morgens mogen ze een afscheidsbrief schrijven in aanwezigheid van aalmoezenier Gramann. 'Ons moreel is goed en dat is beslissend, want we willen als

mannen sterven', schrijft Maufort aan zijn oude moeder. 'Wat zal ik verder zeggen? Het is oorlog en ik ben maar een van de velen die overal ter wereld sneuvelen. Mama, ik besef hoe pijnlijk dit allemaal voor u is, maar ik weet zeker dat onze dood niet nutteloos zal zijn. Als ik in de hemel ben, zal ik de Heer bidden dat hij u nog een mooie oude dag gunt. Adieu.'
Een paar uren later worden de vier op de Nationale Schietbaan in Brussel terechtgesteld, waarna de moeder van Maufort schriftelijk wordt aangemaand de spullen van haar zoon in Sint-Gillis op te halen.

DE CINEAST

In de Goede Week hangt er een lage lucht. Het is duidelijk dat het nog een tijd zal duren voor de zon weer zal schijnen. Prauss heeft zich op een heuvel geposteerd. Vanwege zijn kleine gestalte torent hij graag boven de anderen uit. De luitenant ziet dat de Arbeitsführer iedereen constant opzwepen. De gedetineerden krijgen niet eens de tijd om naar het toilet te gaan. 'Herr SS-Mann, ich bitte austreten zu dürfen.' 'Arbeiden, idioot!' Slechts een enkeling krijgt van De Bodt toestemming om zich te verwijderen. 'Waar moet ik gaan?' 'In de klak van de luitenant', schertst De Bodt.

Op Goede Vrijdag houdt Wyss toezicht op de graafwerken. Hij steunt de ellebogen op zijn knieën en kijkt uiterst geconcentreerd, als een goed getrainde atleet die een poging gaat ondernemen om een record te breken. Enkele minuten later geeft hij met een snelle beweging een gedetineerde zo'n klap dat die op de grond tuimelt. Terwijl de man machteloos op de rug ligt, zet Wyss zijn laars op zijn luchtpijp en borstkas en drukt tot hij het bot hoort kraken. Straaltjes bloed lopen uit de mond van het slachtoffer, dat de rest van de dag moederziel alleen onder de grijze hemel blijft liggen.

Een dag later wordt Trido plots vrijgelaten. Hij is stomverbaasd. De commissaris legt zijn magere hand op de schouder van dokter Camille Jeuniaux. 'Ik ga bij je familie langs', belooft hij. 'En ik verzeker je dat ik het Rode Kruis over de wantoestanden hier zal inlichten.'
Nadat hij een 'verbintenis van geheimhouding' heeft getekend, stapt Trido haastig de brug over. 'Ik heb het gehaald!' zucht hij. Eenmaal in Charleroi aangekomen begeeft hij zich regelrecht naar het café Du Prince Charles, dat door de broer van Camille Jeuniaux uitgebaat wordt. Bij een bord spek met eieren praat Trido honderduit over de mishandelingen die hij ondergaan heeft. Het is pas tien uur 's avonds en hij heeft de 'zwijgplicht' al aan zijn laars gelapt.

Paasochtend. Het is koud en mistig en wonderlijk stil. Daniel Duesberg, een benedictijn van de abdij van Maredsous en één van de oprichters van het Belgische Legioen in Henegouwen, leest in het geheim de mis in zijn cel. De benedictijn heeft met zijn nagels kleine splinters van zijn ligplank geschilferd en er vervolgens met draden uit zijn paardendeken petieterige kruisbeeldjes van gemaakt. Om hem een plezier te doen, geven zijn communistische buren, Bert Van Hoorick en Thodor Angheloff, de kruisjes aan elkaar door. Pasen of geen Pasen, Louis Flavian, een rijkswachter uit Rixensart, krijgt de opdracht met een steen de roest van de schoppen te krabben. Het merendeel van de kampbewoners moet urenlang in de houding blijven staan op de binnenplaats.

Tegen alle verwachtingen in worden de SS'ers na Pasen heel wat schappelijker. Is het omdat het werk aan de gracht goed is opgeschoten? Of omdat de geallieerden verder oprukken? Iedereen denkt er het zijne van totdat op een dag een Duitse cameraploeg neerstrijkt om er een propagandafilm te draaien.

Opeens ziet het kamp eruit als een soort rustoord, waar mensen de kans krijgen aan te sterken: niet één SS'er die tiert of slaat en kipkarren die in een gezapig tempo over de rails rijden. De laatste scènes van de film zijn de mooiste.

Zes gevangenen, die er nog redelijk goed uitzien, moeten aan een tafel plaatsnemen. Die is met borden en bestek gedekt. 'Ga daar maar zitten', zegt de regisseur tegen Wilchar. 'En trek geen nors gezicht.' Beteuterd staart de schilder naar de goedgevulde borden. Alles ziet er zo surrealistisch uit, zo absurd en hypocriet. De regisseur geeft nog enkele aanwijzingen. 'Je toont dat het je smaakt', zegt hij streng, wijzend op het eten.

Wilchar en zijn makkers kunnen er niet onderuit. Ze moeten meedoen. Het filmwerk wil maar niet vlotten. Het duurt en duurt. Tegen de tijd dat de opnamen erop zitten, hebben de zes alles opgegeten wat hen werd voorgezet. Intussen zijn de gedetineerden van de werf teruggekeerd. Ze verdringen elkaar voor de ingang van de kamer. Hun verstomming slaat om in afschuw en woede als ze vaststellen dat er voor hen geen hap meer overblijft.

DE BEUL

Op vijf mei verhuizen Berthulot en Raskin naar Sint-Gillis, waar ze zich voegen bij hun medestander, de jonge Arnaud

Fraiteur die verklikt werd. Een dag later staan de drie al terecht wegens de aanslag op Paul Colin. Na een schertsproces dat amper een halfuur duurt worden ze door de militaire rechters tot de galg veroordeeld.

Onmiddellijk beginnen de voorbereidingen onder leiding van de SS-smid Frans Carleer. Norbert Van Eynde krijgt opdracht een podium met drie valluiken te vervaardigen met medewerking van twee gedetineerden uit de zagerij: Joseph Morias, de veldwachter van Ransart, en Karel Van Daele, een communist uit Burcht. Andere moeten intussen de fundamenten voor de palen aanleggen en het terrein, waar de galg zal komen, gelijkmaken.

Sinds kort komen er nauwelijks nog nieuwe joden bij, zodat de kamers 2 en 3 bijeengevoegd worden. Salomon Swaab, Henri Dikker, Samuel Natanson en Barend Vieyra moeten zoals steeds stenen versjouwen. Vieyra, een lange uitgeteerde slungel, neemt een lichte steen op de schouders tot ergernis van Obler die hem verplicht een versteende cementzak van zo'n vijftig kilo naar de waterkant te sleuren. Strompelend, de zak tegen zich aan geklemd, begeeft Vieyra zich op weg, maar om de zoveel meter zakt hij op de knieën, hoewel Obler hem maar blijft schoppen.

Als hij even later aan de wasbak zijn beslijkte schoenen staat af te spoelen, duwt Wyss hem met z'n hoofd in het vieze water. Swaab brengt hem naar de ziekenzaal, waar dokter Singer nog een natte doek op zijn voorhoofd legt, maar het mag niet baten. Vieyra sterft de dag erna, op zaterdag 8 mei, een dag waarop het stormt en stortregent.

Het is abnormaal weer voor de tijd van het jaar. Zelfs de IJsheiligen zijn te vroeg. De hele natuur is blijkbaar op hol geslagen. Of gehoorzaamt die aan een weerspreuk die menige almanak siert?

Als de winter zacht is,
Als Sint-Marcus op Pasen valt (zoals nu),
En Sint-Antonius op Pinksteren (zoals nu),
Dan is de wereld een beest.

In dat hondenweer worden de gevangenen naar het werk gestuurd. Na een tijdje plakken hun sjofele kleren aan hun lijf en zijn ze tot op de huid doorweekt en verkleumd. Zelfs stampvoetend kunnen ze zich niet verwarmen. Rond elf uur vindt Prauss het welletjes. Aangezien het zaterdag is, mogen de gedetineerden een paar minuten douchen, net lang genoeg om de bloedcirculatie in hun verkleumde handen en voeten te stimuleren.

Op zondagnamiddag zijn de SS'ers afwezig en kan men wat uitblazen. De een doet een dutje, de ander zit urenlang te luisteren naar een voordracht over de Parijse schouwburgen, het Carnaval van Binche, Pantagruel...

De jonge leraar Jan Van Calsteren, die sinds Pasen in kamer 5 zit, bespreekt Hamlet, hét stuk der stukken, waarin moord, list en bedrog hoogtij vieren. Natuurlijk heeft iedereen zijn favoriete passages. Over sommige wordt gebakkeleid met een ernst alsof het welslagen van een riskante militaire operatie ervan afhangt. Hamlet is pure poëzie, zegt Van Calsteren, en hij declameert voor de vuist weg:

Op de sterren is het koud
En alle waarheid is gelogen
Maar denk nooit dat ik niet van je houd.

Edgard Marbaix, de directeur van de Nationale Arbeidsdienst, trekt op 10 mei opgewekt naar de werf. Het is op de kop af drie jaar na de Duitse inval. Halverwege de namiddag beginnen grijze, laaghangende wolken voor de zon te schuiven. De hele tijd stoppen er auto's van de Gestapo voor de ingang van het fort. Het zijn er zeven of acht. Marbaix ruikt onraad als hij vroegtijdig naar zijn kamer mag. Ter hoogte van kamer 12 ziet hij drie mannen, die hij nooit eerder heeft gezien. Een van hen, een tengere kerel met een smal gezicht en zwart, achterovergekamd haar, ziet er somber uit.

Marbaix staat oog in oog met Arnaud Fraiteur, André Berthulot en Maurice Raskin. In kamer 12 staat Otto Gramann de drie terdoodveroordeelden op te wachten. De aalmoezenier heeft ditmaal geen toestemming gekregen om de executie bij te wonen. Tegen een uur of zes treden Prauss, De Bodt en Wyss de kamer binnen. Ze slaan de drie in de boeien en snoeren een touwtje om hun broekspijpen. 'Iemand die opgehangen wordt, bevuilt zich meestal', licht Prauss toe. De SS'ers brengen het drietal naar de binnenplaats, waar het een drukte van belang is. Een twintigtal leden van de Gestapo en van de Mechelse Kommandantur staan lachend en luid pratend om Schmitt heen. De commandant ziet er vergeleken met zijn gasten opmerkelijk kalm uit. Op een teken van hem zet de stoet zich in beweging. Vooraan stappen enkele hoge Duitse officieren, op de voet gevolgd door de drie veroordeelden die stevig worden vastgehouden door Prauss, Wyss en De Bodt. Op het executieterrein beklimmen de begeleiders het schavot en leggen een strop om de hals van de drie, halen die aan en mengen zich vervolgens onder het publiek. Dan laat een officier de valluiken naar beneden klappen.

De doodstrijd duurt abnormaal lang omdat de beulen een veel te dik touw hebben gebruikt. Het is een afschuwelijk schouwspel: lichamen die spartelen en benen die doelloos in de lucht trappen totdat de armen slap neervallen en de Duitse dokter de dood vaststelt. De Bodt en Wyss kisten de lijken en

Prauss nummert de doodskisten met een blauw potlood, waarna ze door een wagen van het Duitse Rode Kruis worden weggevoerd.

Marbaix ziet de stoet terugkeren. De kleine onderofficier van de Wehrmacht, die de boeien van de terechtgestelden draagt, sjokt moeizaam voort, duidelijk aangeslagen. Wyss en De Bodt daarentegen lopen tevreden met de handen op hun koppelriem. 's Avonds bouwen de SS'ers een feest. Stomdronken schieten ze hun revolvers in de gangen leeg. Prauss komt in de kamer van Hoyaux nog even goedenacht zeggen. 'Je zult het nu wel uit je hoofd laten om onze vrienden nog aan te vallen', lalt hij.

Nog dezelfde nacht houden de Duitsers een razzia in Lier. Er schijnt in de bodem of de lucht van dit gezapige provinciestadje iets te zitten dat er zowel collaborateurs als verzetslieden goed laat gedijen. Burgemeester Alfred Van der Hallen is een vlijtige nationaal-socialist. Zijn activiteiten worden vaak door een of andere vooraanstaande Duitser opgeluisterd.

Ook het verzet bloeit in Lier. Het Belgische Legioen is populair bij de plaatselijke politie en de 27-jarige dameskapper Marcel Arras leidt sinds zijn terugkeer uit krijgsgevangenschap een actieve afdeling van De Witte Brigade. Voor een mislukte aanslag op Frans Maes, een Waffen-SS'er, werd Arras midden januari in de gevangenis van Mechelen gestopt. Het bewijs tegen hem was flinterdun. Tijdens het proces richtte de Duitse rechter zich tot een collaborateur: 'Welke bewijzen heb je tegen de verdachte?' De getuige antwoordde: 'Hij is Engelsgezind.' Zich lichtelijk verbazend over zoveel simpelheid vroeg de rechter: 'Verklaar je eens nader.' 'Hij draagt altijd bruine laarzen en een lichte broek zoals alle

Engelsgezinden', verduidelijkte de getuige. De rechter liet, uitgeteld, zijn armen zakken en sprak Arras vrij.

Arras is amper vier dagen thuis als de Duitsers alweer met het geweer in de aanslag voor zijn deur staan. Ditmaal krijgt hij niet eens de kans iets te zeggen. Hij moet mee naar de Feldgendarmerie. Daar treft hij nog zeker honderd man aan. Op 11 mei worden de Lierenaars met vrachtwagens naar de Antwerpse gevangenis gebracht.

DE SENATOR

Midden mei zomert het volop. Het is zeer warm, echt 'vakantieweer', maar de gedetineerden hebben liever 'Belgisch weer'. Op de werf is geen millimeter schaduw en niet alleen ouderen krijgen last van uitdroging en lage bloeddruk. Bovendien liggen nog andere kwalen op de loer: abcessen, tuberculose, kapotte zenuwen, huiduitslag, maag- en darmziekten.

Tijdens een morgenappèl roept Prauss: 'Revierkranken, heraus!' De zieken stellen zich aarzelend in een rij op, die langer en langer wordt. Ontstemd snelt de luitenant naar de verpleger. 'Verdomme, zijn dat allemaal zieken?' valt hij uit. 'Ja, heer luitenant.' 'Het zijn allemaal plantrekkers', zegt Prauss en hij wurmt zich ruw door de wachtende menigte. 'Wat mankeer jij?' vraagt hij aan de eerste de beste. 'Tandpijn', antwoordt de man. 'Stel je niet aan, ik weet wel beter.' Daarop geeft Prauss de stakker drie meppen in het gezicht. 'Ziezo, nu zul je je wel beter voelen.'

De volgende dag vraagt Prauss: 'Zijn er nog zieken?' Niemand verroert zich. 'Ik ben blij jullie zo gezond te zien', zegt hij met een brede grijns.

Af en toe assisteert de Brusselse dokter Jules Jodogne de Duitse verpleger die geen enkel medisch diploma heeft. Hij kan wat jodium en rivanol op de wonden smeren of bij uitzondering een 'bevoorrechte' patiënt een aspirine tegen griep of een tablet tanalbine tegen buikloop geven, maar dat is ook alles. Buikloop is trouwens een echte plaag. Behalve kauwen op zoethout, dat men in de keuken pikt, is zwijgen de beste remedie, want als Prauss erachter komt, mag je vasten tot je diarree voorbij is.

Op dinsdag 25 mei wordt Marcel Arras, de jonge Lierse kapper, het fort binnengebracht door zijn 20-jarige stadgenoot Jan Schuermans en de Antwerpse Kriminalsekretär Hermann Veit, een struise man met een kleine kop en donkerblond haar. Marcel Arras moet alles inleveren, ook zijn missaal, dat hij bij zijn plechtige communie heeft gekregen. 'Je hebt hier niets nodig', zegt de SS'er. Daarna wordt de haarkapper in cel 21 opgesloten.

Arras is niet de enige die die dag arriveert. In de vroege namiddag wordt een verse lading gevangenen afgeleverd. 'Opschieten! Eruit! Sneller!' Als opgejaagd vee lopen de nieuwelingen de brug op. De zeventig staan kaarsrecht in het gelid, een goedgevulde reistas onder de arm. Ze komen uit Sint-Truiden, Zonhoven en Hasselt. Onder hen bevinden zich de 18-jarige Pierre Stippelmans en zijn twee jaar oudere broer Fernand, die allebei deel uitmaken van de Nationale Koninklijke Beweging. 'Jullie worden nu Häftlinge', schreeuwt een SS'er. 'Jullie worden nu geboren', vult hij aan. 'Want jullie krijgen een speciaal nummer.' Meteen verliest Pierre Stippelmans zijn identiteit. Als hij het over zichzelf heeft moet hij voortaan 'nummer 2098' zeggen.

De nieuwelingen moeten op de binnenplaats wachten met de handen boven het hoofd. Pierre Stippelmans staat toevallig naast de burgemeester van Sint-Truiden. Die stopt hem nog gauw een reep chocolade in de broekzak. 'Hier, manneke', zegt hij. 'Wat kunnen we het beste doen?' vraagt Stippelmans hem. 'Een weesgegroetje bidden', mompelt de burgemeester doodongelukkig.

Pierre Stippelmans komt in kamer 5 terecht, waar de Zugführer hem de regels inzake discipline en Bettenbau uitlegt. 'Luister goed', begint hij, ''s morgens moet iedereen z'n strozak opschudden, zeg maar als brood kneden.' En hij vervolgt: 'Dan wikkelt u uw deken om de strozak en maakt u alles gelijk. Iemand die ik aanduid, zal met een stok alle zakken effenen, want bij het minste hoogteverschil straft de luitenant de hele kamer.' De Zugführer pauzeert even om na te gaan of de Limburger hem begrepen heeft. 'Als een SS'er binnenkomt, moet iedereen onmiddellijk aan het voeteneinde van het bed in de houding gaan staan. Ziet u die sterretjes in de tegels? Wel, de neuzen van uw klompen moeten op die sterretjes staan en tegelijkertijd moet iedereen naar de SS'er kijken en dan zeg ik: 'Herr SS-Mann, ich melde Sie gehorsam Stube fünf mit achtundvierzig Häftlinge.' Terwijl de SS'er telt, volgt u hem met het hoofd. Hij ziet alles. Ik heb u gewaarschuwd.'

De volgende morgen wast Stippelmans zich in de gang aan de zinken wasbak. Hij houdt zijn handen en gezicht onder de kraan waar slechts een dun straaltje water uitkomt en moet alweer verder. Hij moet de kipkarren over het smalle spoor tot aan de overkant van de brug duwen, waar de dijk wordt opgehoogd. Vlak voor de brug ligt de draaiplaat, waarvoor de socialist Gaston Hoyaux verantwoordelijk is. Op deze vastliggende plaat worden de lorries gedraaid, een riskante onderneming want er ontsporen er nogal wat.

Prauss laat de Limburgers, 'die slechte Vlamingen', zoals hij hen noemt, uren aan een stuk strafoefeningen doen. 'Liggen! Opstaan! Mars!' Soms varieert hij de oefeningen. 'Hup! Op de hurken! Schop vooruit!' Of: 'Robben! Robben!'

Vlugger dan verwacht wordt Stippelmans door de SD verhoord. 'Biecht maar op dat je deel uitmaakt van een bende die tegen Hitler vecht', zegt de SD'er van dienst. 'Ik ben alleen lid van de luchtbescherming', reageert de jonge Limburger om iets te zeggen. De SD'er kijkt verrast en dan vijandig. 'Wacht maar tot ik je naar Duitsland stuur, dan piep je wel anders', roept hij.

Stippelmans put hoop uit zijn geloof, al zit het hem dwars dat de bewakers met de spreuk 'Gott mit uns' op hun riem lopen te pronken. Voor het slapengaan knielt hij neer om te bidden. Je weet nooit of Onze Lieve Heer zich bedenkt en iets voor ons onderneemt, denkt hij.

In Breendonk zit sinds november 1942 nog een Limburger: Pierre Diriken, socialistische senator voor Tongeren en provinciale secretaris van het Belgische Vakverbond. Diriken, vooraan in de zestig, heeft al vijf en een halve maand eenzame opsluiting achter de rug en werkt nu aan de kipkarren. Eind mei zoekt de kampleiding twee ervaren drukkers. Diriken en de Waalse vakbondsman Jules Triffet boffen. Ze krijgen de job.

De dameskapper

Emile Marchand, vakbondssecretaris van de Bouw in Brussel, publiceerde voor de oorlog in *Le Travailleur* lovende artikelen over de Spaanse Republiek en de Gestapo vond bij hem thuis een portret van de Russische schrijver Maxim Gorki. Op een dag roept Prauss de gebochelde Marchand, nummer 1917, bij zich.

'Ik heb nog zo gezegd dat je niet mag samenzweren', zegt de luitenant. Marchand kijkt hem verbaasd aan. 'En je bent uitgever van de clandestiene *Rode Vaan*, waar of niet?' roept de luitenant zomaar ineens, als een acteur die zijn publiek wil schokken. 'Dat is helemaal niet waar', protesteert de vakbondsman. 'Was denken Sie wohl, ich bin nicht verrrückt', vervolgt Prauss. En tot De Bodt die als tolk optreedt: 'Vertel hem dat we over voldoende bewijsmateriaal beschikken.'

Hoe kan Prauss in godsnaam bewijzen hebben, vraagt Marchand zich ongerust af. Zijn buur, een ontvanger van de Brusselse Trammaatschappij, zeurt steeds maar door over eten tot het Marchand de keel uithangt. 'Kop op', maant de vakbondsman, 'je slaat je er wel door.'

De volgende morgen ontmoet Marchand zijn hongerige buurman en Prauss in het wachtlokaal. 'U kent nummer 1917', zegt de luitenant. 'Ja', fluistert de ontvanger. 'Hij weet niet wat hij zegt', reageert Marchand. 'Hou je mond.' De drank maakt Prauss kregelig. Hij springt op en geeft de Brusselaar een por in zijn ribben. 'Het is toch deze man die u nummers van de *Rode Vaan* heeft doorgegeven?' De ontvanger geeft geen antwoord. 'Hoor eens, makker', dreigt Prauss, 'waag het niet me tegen te werken. Weet u wel wat u te wachten staat?'

's Middags zet Prauss de ontvanger vlees, brood en soep voor. Dat verklaart natuurlijk zijn afwezigheid in de kamer. Even later treft Marchand hem in 'de bunker' aan. Zoals hij daar staat met zijn onrustige ogen, tegelijk onverschillig en doodsbang, is het hem aan te zien dat hij een ander mens is geworden. Wijzend naar de bochelaar vraagt Prauss opnieuw: 'Heeft nummer 1917 u de *Rode Vaan* overhandigd?' 'Ja, meneer de luitenant', stamelt de ontvanger. 'Ik zweer het.' 'Dat lieg je', protesteert Marchand, pijnlijk verrast. 'Geloof die man niet. Ik ben onschuldig.' Prauss onderbreekt hem. 'U kunt gaan', zegt de luitenant tegen de tramontvanger, die terneergeslagen wegstrompelt. Vervolgens bindt hij Marchand op de smalle tafel vast en geeft hem een paar stevige opstoppers.

Vanaf dat moment moet de Brusselaar werken als een galeislaaf, hoewel de kampdokter hem arbeidsongeschikt heeft verklaard. Eens staat Marchand met het hoofd in de handen voorovergebogen op zijn schop geleund. Hij ziet De Bodt aankomen en buigt zich nog wat dieper over zijn schop. 'Dat noem jij werken', zegt De Bodt en hij grijpt Marchand vast, zet hem bovenop een volle kruiwagen, loopt er vervolgens mee door het kamp en kiept de lading ten slotte in de gracht.

Op 24 mei heeft Léon Degrelle een ontmoeting met Heinrich Himmler, het hoofd van de SS. Het verzet reageert fel. In de Borinage vinden Rexisten stroppen in hun brievenbus en op 3 juni stichten saboteurs brand in de centrale post van het station Les Guillemins in Luik. Een dag later verwijt Eggert Reeder, de chef van de Militärverwaltung, de Belgische politie te slap tegen het verzet op te treden.

Na deze uitbrander stroomt Breendonk vol. Door de toevloed van arrestanten ontstaat er zo'n nijpend tekort aan cellen dat Bert Van Hoorick zijn cel moet delen met Jean Blume. Ze hebben zo weinig ruimte dat ze amper de benen kunnen strekken. Gelukkig kunnen ze het goed met elkaar vinden. In vertrouwelijke gesprekken verglijden de uren en als ze 's morgens aan elkaar vastgeklonken, met een kap over het hoofd, hun pispot wegbrengen, stappen ze in zo'n harmonisch ritme dat de bewakers het vol bewondering over 'die zwei Guten' hebben.

De dameskapper Marcel Arras uit Lier, een gemoedelijke twintiger, zit moederziel alleen in een cel. Rond zeven uur 's morgens krijgt hij koffie aangereikt door een luikje in de deur. Om halfnegen moet hij een blauwe zak over het hoofd trekken en op de cadans 'links, rechts, links, rechts' van Jan Pellemans of van een andere SS'er zijn toiletemmer gaan ledigen. 's Middags zet de keukenhulp Frans Michiels, zelf een gevangene, hem een kom soep voor. En rond zessen brengt hij hem het avondmaal: een kwart liter koffie, tweehonderd gram brood, een klein beetje margarine en een paar klontjes suiker. Om halfnegen mag Arras zich neervlijen op een houten plank waarbij hij zijn jas als hoofdkussen gebruikt. De nachtelijke stilte wordt slechts onderbroken door sleutelgerammel of het gehuil van gefolterden. 'Mama, ik kom terug', kerft de kapper met een lepel op zijn celmuur.

Begin juni wordt Arras voor een verhoor meegenomen naar 'de bunker'. Als de blauwe zak wordt verwijderd, staart hij recht in de ogen van zijn stadgenoot Jan Schuermans en de SD'er Roald Ohmstedt die achter een tafel in de hoek zit en beweert dat de kapper heel wat misdaan heeft. 'Dat klopt niet', antwoordt de Pallieter. 'Ik interesseer me in de eerste plaats voor mooie meisjes.' 'Terzake', zegt Ohmstedt droogjes. De ondervragers observeren hun slachtoffer. Wat is hij waard? Wat zou hem kunnen breken, aantrekken of vrees aanjagen? Wat haat hij en vooral, wat weet hij? Ze trekken Arras bij het haar over de tafel, binden zijn armen aan de tafelpoten vast en slaan hem met de zweep tot hij het bewustzijn verliest. De dokter moet hem een spuitje geven om hem bij te doen komen. Zijn rug en zijn achterste liggen open. De Lierenaar roept de hulp in van de heilige Rita, de beschermheilige van de hopeloze gevallen. Als ik het er levend afbreng, bouw ik voor u een kapel, belooft hij.

De vliegenier

Op een avond krijgen Jean Blume en Bert Van Hoorick een
nieuwe buur. Het is Paul Nothomb, de chef van de Patrioti-
sche Milities en een hoge functionaris van de KP. Blume en
Van Hoorick trachten fluisterend een gesprek met hun partij-
genoot aan te knopen. 'Is het waar dat Moskou de communistische internationale heeft ontbonden?' informeert Blume.
'Ja', antwoordt Nothomb. 'Het was een historische nood-
zaak.' Nothomb geeft het wat achteloze gesprek een andere
wending. 'Het staat vast dat Duitsland de oorlog gewonnen
heeft. Dus is het zinloos nog langer verzet te bieden.' Het is
een steek in het hart van de twee partijgenoten. Hun leven is
al moeilijk genoeg. Dat hoeven zij er echt niet nog eens bij te
nemen, zeker niet als iedereen beweert dat de geallieerden
aan de winnende hand zijn.

Niet lang nadien brengt een soldaat een matras naar No-
thombs cel. Waarom krijgt hij deze voorkeursbehandeling?
Blume en Van Hoorick weten dat Nothomb zijn conserva-
tief-katholieke familie de rug toekeerde om in Spanje aan de
zijde van de Republikeinen te gaan vechten. Hij is dus iemand
die zich opofferde voor iets waarin hij oprecht geloofde.
Maar waarin gelooft hij nu? Is het denkbaar dat de dappere
vliegenier, die door de schrijver Malraux in zijn boek *l'Espoir*
vereeuwigd werd, zijn verzet tegen het fascisme heeft opge-
geven? Dat is een vraag die de twee niet meteen kunnen
beantwoorden. Een ding weten ze zeker: Nothomb is in staat
grote schade aan te richten, want hij kent het communistische
en linkse verzet op zijn duimpje.

Op 10 juni wordt de Antwerpse onderwijzer Willy Luyten
naar Duitsland gedeporteerd. Hij vertoefde het voorbije half

jaar meer in het hospitaal dan in het fort, waar hij en zijn collega Remy Gillis 'het lied van Breendonk' componeerden dat
geregeld wordt gezongen op vrije zondagnamiddagen.

In 't grauw der troosteloze dagen
Graaft een menigte in het kamp
Het juk van de slavernij dat we dragen
Maakt ons bestaan tot een ramp.

Refrein:
We ploeteren in de aarde
En zwoegen bezwaard
We vullen de wagens met grond en steen
En hopen op vreugde na geween

Stoer en strak staan de droeve gezichten
Delvend en spittend het land
Maar de hartsterkende berichten
Brengen blijdschap onder de hand

Naar huis en kind gaan onze gedachten
Naar hen die deelden in ons bestaan
Maar ongeduldig blijven we de tijding verwachten
Dat we weer vrij en blij naar huis mogen gaan

Op een dag ruilen we onze gewaden
Ontvluchten we dit oord van haat en nijd
Toch zullen we de kameraden
In onze harten sluiten voor altijd

Twintig gevangenen, onder wie Gaston Hoyaux, vertrekken
op 13 juni naar Duitsland. De socialist is een gebroken man.

Zijn imposante fysiek is hij helemaal kwijt. Toen hij in het fort arriveerde woog hij 94 kilo, hoewel hij alle mogelijke diëten had uitgeprobeerd. Tijdens zijn gevangenschap viel hij 41 kilo af.

De een gaat, de ander komt. Op 21 juni arriveert Jean Burkel, een katholieke leraar uit Ciney die met het Geheime Leger sympathiseert. Hij is in het gezelschap van twaalf streekgenoten uit Rochefort en Jemelle. Bij de eerste ontmoeting zegt Wyss, terwijl hij naar de doodskop op zijn dienstpet wijst: 'Denk er goed aan, vriend, dat is binnenkort jouw portret.' 'Weet u dat wel zeker?' vraagt Burkel geschrokken. 'Zo zeker als je in Breendonk ergens zeker van kunt zijn.' Wyss geeft hem een gemene por. 'Hoe komt het dat je me niet met Herr SS-Mann aanspreekt?' vervolgt Wyss streng. 'Neem me niet kwalijk Herr SS-Mann', stamelt de leraar. 'Ik wilde niet onbeleefd zijn.'

Burkel komt in kamer 12 terecht. Hij moet onmiddellijk buiten gaan werken. Het is drukkend heet en er waait geen zuchtje wind. Het kamp lijkt wel een woestijn waarboven de zon brandt. Het zweet druipt van Burkels lichaam. Na enkele uren is de dorst bijna niet meer te harden, maar Burkel laat het niet merken, want daar zouden de SS'ers te veel plezier in hebben. Na enkele dagen begint de leraar een beetje te wennen aan een routine die hem de eerste dag ondraaglijk had geleken. Zijn werkmakkers – pater Duesberg, dokter Louis Jodogne en de ingenieur Lucien Orfinger – vormen een hecht team. Als blijk van wederzijds vertrouwen laten ze steevast hun schoppen per koppel in een V-vorm achter als ze 's middags naar de binnenplaats terugkeren.

DE INGENIEUR

Burkel is goed bevriend met de Antwerpse jood Lucien Orfinger, die bij Bell Telephone heeft gewerkt. Toen Orfinger werd opgepakt, beschikte hij over een paspoort op naam van ene Florentin. Daarom gaat hij voor een 'Ariër' door en draagt hij, net als Burkel, een witte band met een rood vierkantje. Op een keer zegt een soldaat van de Wehrmacht tegen hem: 'Ik kan je brieven het fort uit smokkelen en ervoor zorgen dat ze bij je familie terechtkomen.' 'Oké', zegt Orfinger goedgelovig. De ingenieur schrijft op een snipper van een zak cement enkele geruststellende woorden voor zijn naaste familieleden en overhandigt het aan de soldaat. Die moffelt het briefje weg en smijt Orfinger voor vier dagen in het cachot. Een ongeluk komt nooit alleen. Intussen achterhalen de Duitsers Orfingers ware identiteit.

Sedertdien moet de ingenieur een gele band op zijn jas dragen en wordt hij geviseerd door De Bodt en Wyss. Eens roept Wyss nors: 'Hé, jij! Het is verboden hier een onderhemd te dragen!' Orfinger ziet hoe de SS'er zijn spieren spant en houdt instinctief zijn linkerarm voor zijn gezicht. 'Niet slaan alsjeblieft', smeekt hij. De SS'ers grijpen Orfinger vast en werpen hem in de lucht. Als een lappenpop valt de jood met uitgestrekte armen en benen naar beneden. De Bodt vormt met Orfingers benen een V-teken terwijl Wyss zo hard hij kan met een lat op de geslachtsdelen van de Antwerpse ingenieur slaat. Zodra Orfinger een beetje is bijgekomen, begint hij vertwijfeld op de grond naar zijn bril te zoeken. Als hij hem uiteindelijk wil oprapen, plant Wyss zijn laars erop. 'Wees niet zo kleinzerig', zegt de SS'er. 'Vooruit, neem een kruiwagen en begin maar stenen te vervoeren.'

De communistische partij betaalt de tol voor intern verraad. Paul Nothomb, lid van het centrale comité, heeft de Gestapo kostbare informatie verschaft. Op 10 juli worden de partizanenleiders Pierre Joye en Jacques Grippa in het fort afgeleverd. De twee doen alsof ze elkaar niet kennen. Grippa, een ingenieur uit Schaarbeek, geeft zich uit voor Paul Gilles. In kamer 6 wordt hij hartelijk begroet door de Gentenaar Georges Hebbelinckx, een van de leiders van de Jonge Socialistische Wacht, die hem meteen over de oorlogssituatie uithoort. Grippa vertelt dat de Russen aan het oostfront grote overwinningen boeken en dat de geallieerden precies die dag op Sicilië zijn geland. Hebbelinckx tempert de blijdschap met de mededeling dat zowat de hele top van de communistische partij en van de partizanen in Breendonk zit. Het gaat om vier leden van het politieke bureau: Xavier Relecom, Pierre Joye, Georges Van Den Boom en Joseph Leemans, en om de partizanenleiders Florimond De Bruyn, de commandant van Oost-Vlaanderen, Bruno Weincast, het hoofd van de dienst bewapening, Jean Moetwill, chef van de dienst inlichtingen en Julien Ameye, leider van de regio Vlaanderen.

Twee dagen lang wordt Grippa ondervraagd en gemarteld, maar hij blijft bij hoog en laag beweren dat hij Paul Gilles heet en niets van de partizanen afweet. Dat beweert hij ook nog wanneer hij plotseling met Xavier Relecom geconfronteerd wordt. 'Wie is dat?' vraagt een van de Gestapo-mannen. 'Dat is Grippa', antwoordt Relecom. Waarop een tweede Gestapo-man vraagt: 'Ga je nu eindelijk vertellen wat je weet?' Grippa, alias Paul Gilles, houdt het been stijf.

Op de derde dag wordt hij geblinddoekt weggebracht. Als hij in de kamer terugkeert ziet Grippa er verslagen uit. Hij verbergt het hoofd in de handen. 'Scheelt er wat?' vraagt Hebbelinckx. 'Het is allemaal voorbij', mompelt Grippa. 'Wat bedoel je?' dringt Hebbelinckx aan. 'Ik dacht dat de bewakers me naar de bunker zouden brengen, maar toen ze de kap van mijn hoofd deden, stond ik in een klein vertrek. Achter een lange tafel zaten twee mannen van de Gestapo met Relecom en Joye naast zich. Van den Boom en Leemans stonden achterin. De vier leden van het politieke bureau hadden geen schrammetje opgelopen. Eén van de Gestapo-mannen leunde voorover en zei dat de partizanen onthoofd waren en dat het beter voor mij was dat ik daarin berustte.'

Grippa vervolgt aarzelend: 'Daarna stond Relecom op. Hij glimlachte en zei rustig dat we verslagen waren en moesten redden wat er nog te redden viel. Hij benadrukte dat we in het belang van de partij de wapens moesten neerleggen.'

Veertien juli begint rampzalig. De Antwerpse leraar Jan Van Calsteren, sinds kort Zugführer van kamer 3, hoort het stampen van de laarzen. Het geluid komt dichter en dichter. Dan wordt de kamerdeur ontgrendeld. 'Achtung! An die Betten.' Iedereen springt in de houding en Van Calsteren roept: 'Stube drei angetreten!' Een nummer wordt afgeroepen en een jongen met wie Van Calsteren onlangs nog aan de kipwagens werkte, verlaat de kamer. 'Los, schnell! Los, Mensch!' Tot het bittere einde moet het snel gaan. Er hangt een onwezenlijke stilte in de kamer tot uit de richting van het executieterrein een langgerekt salvo weerklinkt. Negen gijzelaars, onder wie commissaris Georges Van Wassenhoven zijn niet meer.

Een dag later worden Jan Van Calsteren en Paul Dufraing door De Bodt uit de arbeidscolonne gepikt. 'Opruimen!' zegt de SS'er dubbelzinnig, met een vaag gebaar naar de executiepalen. De grond voor de palen is vertrappeld en met donker, geronnen bloed doordrenkt. Terwijl de twee de rotzooi opruimen, ziet Van Calsteren het vlammetje van een lucifer flikkeren. De Bodt heeft een sigaret aangestoken. Na enkele minuten werpt hij de half opgerookte sigaret schijnbaar achteloos weg. Van Calsteren wil het peukje oprapen, maar hij weet zich tijdig te beheersen. Hij kent de streken van De Bodt. Als hij de sigaret zou oprapen, zou hij zonder twijfel een draai om de oren krijgen.

Opeens bemerkt Van Calsteren een stukje touw waarmee een van de terechtgestelden vastgebonden werd. Hoe bizar het ook mag zijn, toch wil hij het koste wat het kost hebben. Heeft hij een talisman nodig? Waarom? Hij heeft eens gezien hoe bezoekers van de Londense Tower een koord probeerden aan te raken waarmee beroemde figuren opgeknoopt werden. Zulke impulsen zijn niet te verklaren.

Om de hoek van het executieterrein verschijnt Wyss, die de Mussolini-houding aanneemt: kin omhoog, handen in de heupen. Hij kijkt gefascineerd naar de galg. 'Im Gleichschritt marsch!' zegt hij en trappelt met de voeten. Van Calsteren ziet nog net de kans om het touwtje op te rapen en onder zijn hemd weg te moffelen. Hij staat versteld van zichzelf. Is dit het resultaat van een half jaar Breendonk? Is hij bijgelovig geworden? Of gelovig? Wyss haalt hem ruw uit zijn overpeinzingen 'Ziezo, alles is nu klaar voor het geval jij aan de beurt komt', zegt hij monter. En tot Paul Dufraing: 'Wil je nu mijn laarzen eens poetsen, want ze zitten onder het bloed van je kameraden.'

De vluchteling

Op 16 juli wordt Maurice Bolle, een medewerker van het Joodse Verdedigingscomité, de joodse kamer binnengeduwd. 'Zo, wat een verrassing!' zegt H. joviaal en luid, terwijl hij de

Brusselaar vriendschappelijk op de schouder slaat. 'Blij je te zien.' 'Je reis is voorlopig ten einde.' 'Wat bedoelt hij in godsnaam?' vraagt Bolle zich af. 'Het spijt me', zegt H. nog. Het klinkt alsof hij het grappig vindt. Bolle doet een stap opzij en vraagt zich af wie de onbekende is die hem zo familiair aanspreekt. Hij kent dat gezicht vaag, maar de Brusselaar heeft zoveel joden een veilig onderkomen bezorgd dat hij zich hen niet allemaal meer kan herinneren.

Plots gaat hem een licht op. Hij heeft H. ooit een vals paspoort aan de hand gedaan. Bolle vertrouwt het niet. Wie een beetje zijn verstand gebruikt, noemt geen namen, zeker niet in Breendonk, waar de muren oren hebben. H. glimlacht. 'Weet je dat mijn vriendin ook de maîtresse van de kampcommandant is?' fluistert hij vertrouwelijk. 'Ik weet alles van hem. Hij houdt zoveel van vrouwen dat hij aan één niet genoeg heeft.' 'De kwestie interesseert me niet', antwoordt Bolle zenuwachtig. Hij vindt het een onzinnig verhaal en bovendien verontrust het hem dat H. het uitgerekend aan hem vertelt. De volgende dag wordt Bolle in een vieze cel gestopt. Is dat toeval?

Naar de toiletten gaan is het enige moment van de dag waarop Bolle naar buiten mag. 'Auf', schreeuwt een SS'er. Bolle heeft hem nooit voorheen gezien. De kersverse SS'er trekt Bolle een zak over het hoofd. 'Kom maar mee. Links-rechts. Links-rechts', zegt hij in een bijna onverstaanbaar Duits. Op de tast schuifelt Bolle met trillende benen door de gang. Zijn voeten in vormloze klompen weten blijkbaar niet de goede stand te vinden, zodat hij tegen een muur opbotst. 'Vuile rotjood', tiert de SS'er, 'wil je wel eens uitkijken, verdomme.' 'Hierlangs!' Als Bolle verder wil lopen, steekt de SS'er zijn voet uit, zodat de Brusselaar struikelt en languit op de grond valt. Bolle heeft kennisgemaakt met Georges Vermeulen, geboren op 4 april 1911, getrouwd, voormalig gemeentearbeider, woonachtig te Merksem. Vermeulen voert sinds kort het bevel over de Belgische ss'ers in het kamp, nadat hij eerder in dienst was van de Waffen-ss en de Brusselse ss-politie.

Breendonk heeft ook een nieuwe Sanitäter, de goedhartige onderofficier Eugene Braun uit München die er rond voor uitkomt dat hij een hekel aan de nazi's heeft. Braun geeft 's morgens consult en Bert Van Hoorick moet een poosje spiernaakt voor de kamer van de verpleger wachten. Plots ziet hij een jonge vrouw van een jaar of dertig. Ze is middelmatig groot en eenvoudig maar elegant gekleed. Haar bewegingen hebben iets nonchalants en frivools. Haar oog blijft onderzoekend op het magere lichaam van Van Hoorick rusten. Die zoekt onwennig naar een houding. De vrouw houdt haar bloemenjurk, die door de zomerwind opwaait, angstvallig tegen de dijen gedrukt, waardoor haar weelderige vormen nog beter uitkomen. Ze maakt diepe indruk op Van Hoorick. Onmiddellijk daarop verdwijnt die beschaamd in de kamer. Het is ver met mij gekomen, dat ik ook al de vrouw van de kampcommandant aardig vind, denkt hij bij zichzelf.

Maurice Delvenne, een horlogemaker uit Jumelle, komt de vrouw van Schmitt tegen als hij op weg is naar de smidse, om er de gebroken steel van zijn schop te laten herstellen. Zij wandelt met langzame passen ter hoogte van de barak van de kleermakers, schijnbaar lusteloos, vergezeld van Lump. De hond krijgt een paar koeken uit een pakje van het Belgische Rode Kruis. Gek van de honger, strekt Delvenne zijn hand uit. 'Neem me niet kwalijk, mevrouw', zegt hij, 'mag ik er ook ééntje, alsjeblieft?' Ilse Birckholz, of hoe ze ook heet, begrijpt die vraag verkeerd en geeft de horlogemaker een oorvijg.

Velen dromen ervan te vluchten, maar vrijwel niemand gelooft dat het mogelijk is, behalve de Leuvenaar Etienne Van den Eynde. Het is een hele heksentoer, dat beseft hij. Op het dak van het fort en in de wachttorens staan zwaarbewapende soldaten. Verder wordt er dag en nacht gepatrouilleerd. Het zal al heel moeilijk zijn om een bewaker te verschalken. Er twee ongemerkt passeren lijkt zo goed als onmogelijk. Toch gaat Van den Eynde liever vluchtend ten onder dan dat hij langzaam wegteert. Dus staat zijn besluit vast: hij wil en zal vluchten. En de vluchtroute? Die heeft hij onlangs toevallig tijdens het werk ontdekt.

De Leuvenaar wacht geduldig tot er zich een goede gelegenheid voordoet. Op maandag, 2 augustus steekt hij schuin de binnenplaats over en loopt geruisloos in de richting van de gracht. Er is geen levende ziel te bekennen. Het moeilijkste is al achter de rug. Hij kruipt haastig in de afvoer die het overtollige water van de gracht naar een beek leidt. De Leuvenaar is niet lenig maar hij speelt het toch klaar om zich als een slang te kronkelen en eerst zijn benen en daarna de rest van zijn lichaam naar binnen te laten glijden. Zo'n driehonderd meter verder zoekt hij zijn weg naar boven.

In de tuinwijk met uitgestorven straten is niets onrustwekkends waar te nemen. Het lijkt wel of Van den Eynde voor het geluk geboren is. Dwalend door de wijk ontmoet hij de vader van Frans Peeters, een partizaan die sinds midden juni in het fort zit. Tijdens de daaropvolgende zoekactie in het dorp gaan de ss'ers ook bij de ouders van Peeters langs. 'Hier hebben we niets te zoeken', merkt De Bodt op. 'Ze hebben zelf een zoon in het fort.' De ochtend na de geslaagde ontsnapping houdt Prauss een redevoering, waarin hij terloops meldt dat Van den Eynde in het station van Boom neergeschoten werd. 'Laat dit een les zijn voor de vijanden van nazi-Duitsland wier misdaden zo gemeen zijn dat ze moeten samenspannen in de duistere uren van de nacht', roept de luitenant. 'Hij liegt dat hij zwart ziet', zegt Frans Peeters tegen zijn kamergenoten. 'Als Van den Eynde dood zou zijn, hadden we al lang rond zijn lijk moeten defileren.'

De monnik

Op zaterdag, 7 augustus keert Marcel Arras naar Breendonk terug nadat hij een week in de Antwerpse gevangenis heeft doorgebracht. Al de volgende dag wordt de kapper naar 'de bunker' gebracht, waar men hem over de Witte Brigade uithoort. De Bodt gaat daarbij vakkundig te werk. Hij slaat met een notenkraker op de vingertoppen van de kapper, knipt een aansteker aan en houdt hem onder Arras' neusvleugels. 'Kijk!' roept hij als een uitgelaten kwajongen. 'Kijk eens! Zijn haartjes zijn weggeschroeid. Hahaha.' Omdat Arras ijzig blijft zwijgen, wordt hij met een katrol omhooggetrokken en door Hermann Veit bewusteloos gemept.

In kamer 13 constateert dokter Jean Royer uit Strombeek-Bever dat Arras een flinke shock heeft opgelopen. Urenlang zit hij wezenloos voor zich uit te kijken en geen enkel zinnig woord komt nog uit hem. Af en toe, tijdens het eten, brabbelt hij 'soep goed', terwijl hij de beker met twee handen vastklemt, alsof het een kostbare schat is die zou kunnen breken. Royer stelt hem vragen, maar hij schijnt ze maar niet te begrijpen. Toch verdenkt Wyss de kapper ervan dat hij toneel speelt. 'Ik kan niet tegen valsaards', zegt de SS'er. 'Ik zal hem zelf eens op de proef stellen.'

Daarop dooft hij een sigaret op Arras' voorhoofd en steekt hem met een naald. De kapper trekt een grimas en de spieren in zijn gezicht vertrekken een beetje, maar daar blijft het bij. Wyss staat er gewoon perplex van. 'Geloof jij dat hij niet goed snik is, doktertje?' vraagt Wyss aan Royer. 'Hij is buiten zinnen', antwoordt de dokter. 'Hij heeft ze dus niet alle vijf bij elkaar', besluit de SS'er tevreden. Sedertdien noemt Wyss de Lierenaar 'onze zot'.

De voedselrantsoenen mogen dan een beetje verbeterd zijn, nog steeds lijden de gedetineerden honger. Ze stelen op de mesthoop en in de konijnenhokken koolbladeren, stukken biet, beenderen, rotte aardappelen en eten dat met plezier op, al keert hun maag zich daarbij om. Dat baart het Militaire Bestuur grote zorgen, nu het oorlogstij is gekeerd.

Op 10 augustus heeft de militaire hoofdgeneesheer Blum een onderhoud met Schmitt, die zuinig is met woorden en iedere vorm van bemoeienis verfoeit. Blum maakt bezwaar tegen de ellendige leefomstandigheden. 'Het zou toch veel verstandiger zijn als u voortaan de kampgeneesheer zou laten beslissen of iemand al dan niet arbeidsgeschikt is', zegt hij. Von Craushaar, de vertegenwoordiger van het Militaire Bestuur, knikt instemmend. De twee delen de commandant ook mee dat ze van plan zijn met het Belgische Rode Kruis te onderhandelen over de levering van voedselpakketten. Schmitt sputtert nog wat tegen, vindt het allemaal tijdverspilling en zegt dat hij alleen in aardappelen en meel geïnteresseerd is, maar er zit ditmaal niet anders voor hem op dan toe te geven.

Pierre Stippelmans is graatmager en bleek met donkere kringen onder zijn ogen. Ofschoon hij nog maar zeventien is, zou je hem rond de dertig schatten. De honger speelt hem, net als iedereen, parten. 's Nachts droomt hij van gebakken vis en eieren en spek. Op een dag wordt het hem te machtig. Geruisloos sluipt hij de stal binnen aan de zijkant van de appèlplaats, moffelt enkele bloemkoolbladeren onder zijn jas en... loopt De Bodt tegen het lijf. 'Zakken leegmaken, vuile dief!' Stippelmans heeft geen zakken in zijn plunje, want die zijn eruit geknipt. Als hij doet alsof hij zijn hand in zijn broekzak stopt, valt er een bloemkoolblad op de grond. De Bodt geeft Stippelmans zo'n pak slaag dat die wekenlang bloed plast.

Soms maakt de tiener een praatje met een Wehrmachtsoldaat onder meer over de bokswedstrijd tussen Karel Sijs en de Duitser Max Schmeling. 'Sijs zal hem mores leren', zegt Stippelmans plagend. 'Dat kan ik me nauwelijks voorstellen', glimlacht de soldaat allerinnemendst. 'Hoe ben je in godsnaam bij de Wehrmacht kunnen gaan?' De ander laat het even bezinken. 'Ik had geen andere keus.' 'Het zal anders slecht met u aflopen', zegt de Truienaar. 'Ja, ja, dat weet ik', reageert de wachter gelaten. 'Iets heel anders', vervolgt Stippelmans, 'kun je mij aan een spel kaarten helpen?' Zijn stem klinkt een beetje opgewonden. De wachter wendt zijn hoofd af en wandelt zwijgend weg. Stippelmans volgt hem met de blik tot hij helemaal om de hoek uit het gezicht verdwenen is. Niet lang daarna vindt hij de kaarten onder het venster.

Als het waar is dat je met bidden uiteindelijk de hemel verdient, dan hebben Stippelmans en zijn Limburgse vrienden al tien hemels verdiend. In het kamp verblijft maar één geestelijke: Daniel Duesberg. De monnik uit Maredsous leest iedere morgen bij zonsopgang de mis in kamer 6. Op een dag, voordat de corveemannen de ersatz-koffie in de keuken gaan halen, glipt hij kamer 1 binnen en neemt er, tussen twee bedden, de vrome Limburgers de biecht af.

Overdag moet de benedictijn aan de kipkarren zwoegen. Op 13 augustus werkt hij samen met de socialist Paul Dupuis uit

Court-Saint-Etienne. Opeens krijgt hij enkele meppen van Wyss. 'De bruut heeft zojuist Onze Lieve Heer beledigd', fluistert de priester. Even later moet de monnik helemaal alleen de kipkar vullen. Terwijl Wyss zich even verwijdert, komt Dupuis hem stiekem te hulp. Bij Wyss' terugkeer is het wagentje vol. De SS'er blijft een paar seconden verstomd staan. 'Ik had het moeten weten', roept hij uit, 'alle priesters zijn hetzelfde.' Daarop geeft hij Duesberg een draai om de oren. Dupuis knipoogt. 'Een goede buur, zij het een socialistische, is beter dan een verre vriend', zegt hij tegen Duesberg. De volgende dag wordt de pater naar Sint-Gillis overgebracht, vanwaar hij op transport naar Duitsland wordt gesteld.

Zondag, 15 augustus, Onze-Lieve-Vrouw-Hemelvaart, begint op een ongewone manier voor Jean Burkel. De sympathisant van het Geheime Leger en zijn kameraden uit Ciney, Rochefort en Jemelle worden door De Bodt en Wyss aan een zware 'conditietraining' onderworpen. Beurtelings moeten ze op hun buik kruipen en gehurkt rondspringen terwijl de SS'ers nerveus met de laarzen op hun ruggen en handen trappen. Na een poosje kalmeren ze een beetje en mag Burkel afgepeigerd zijn kamer opzoeken.

Als de joodse medegevangenen even later een erehaag moeten vormen voor Obler, begrijpt Burkel opeens waarom de SS'ers zo gespannen rondlopen. Obler mag, of liever, moét het kamp verlaten. De Oostenrijkse Vorarbeiter, die zoveel van operamuziek houdt, draagt voor de gelegenheid een keurig pak. Obler is ervan overtuigd dat hij rustig naar huis kan, maar de nazi's sturen hem via Sint-Gillis regelrecht naar een concentratiekamp.

De hovenier

Het vertrek van Obler sterkt de Aalstenaar Bert Van Hoorick in zijn overtuiging dat de nazi's in moeilijkheden verkeren. Alles lijkt dat te bevestigen. De Amerikaanse en Britse troepen rukken snel op en op 9 september kondigt de Italiaanse premier een wapenstilstand met de geallieerden aan.

De enige die zich van de nieuwe toestand niets schijnt aan te trekken is Schmitt. Toch verzet hij zich niet langer tegen voedselleveringen van het Tehuis Leopold III. Op 13 september brengt Jacques Neve de Mevergnies, een ingenieur uit Zellik, de eerste vracht aardappelen naar Breendonk. De gevangenen die de wagen moeten lossen zijn zo verzwakt dat ze onder de zakken dreigen te bezwijken. 'Ik zou het kamp wel eens willen bezichtigen', zegt de ingenieur geschrokken. 'Geen sprake van', antwoordt Schmitt meteen. 'Wees gerust, ik sta er borg voor dat er geen voedsel of kleren verdwijnen', zegt hij, in een poging om de ingenieur gerust te stellen. 'Wat is eigenlijk het doel van het Tehuis Leopold III?' vraagt Schmitt. 'Wij ondersteunen alle noodlijdende Belgen, politieke gevangenen inbegrepen', antwoordt de ingenieur. 'Politieke gevangenen?' Schmitt legt het hoofd in de nek en zucht misprijzend. 'Ik kan er met mijn verstand niet bij dat de koning en de beschaafde, hogere kringen zoveel moeite doen voor dat gespuis. Het zijn niets anders dan bandieten en moordenaars.'

Van de ene dag op de andere worden de rantsoenen flink verhoogd, zodat de ergste honger voorbij is. Maar de oude Van Praet blijft met de leveringen in zijn maag zitten. De hovenier teelt zelf aardappelen en hij wil zijn job niet verliezen. Hij steigert dan ook als Albert Proces, een vooraanstaand lid van het Brusselse Onafhankelijkheidsfront, hem onder de neus wrijft dat de koning de levering voor zijn rekening heeft genomen. 'Je bent niet goed bij je hoofd!' protesteert Van Praet. 'Laten we er maar verder over zwijgen', sust Proces hem. De hovenier is over zijn toeren. 'Verdwijn uit mijn ogen voor ik een ongeluk bega!' barst hij uit. Hij doet een stap naar voren, haalt een keukenmes uit zijn jaszak en heft dreigend de arm op. Gelukkig kan Proces achteruitspringen. Gebeten zoekt de hovenier Prauss op om hem zijn nood te klagen. Met een paar meppen komt Proces goed weg.

Voor De Bodt zijn de goede dagen voorbij. Hij bezoekt nog wel af en toe de herberg van Adolf Denies, een lid van DeVlag, op de hoek van de markt in Willebroek, maar veel vrienden telt hij niet meer want de meeste dorpelingen snappen niet dat iemand met zulke fatsoenlijke ouders als ss'er in het fort kan werken.

Ook zijn vrouw Amelie Acolay is fanatiek. Als haar man doodsbedreigingen ontvangt, zegt ze strijdlustig: 'We zullen eens laten zien dat we niet met onze voeten laten spelen.' En dus speuren de De Bodts constant naar echte of vermeende verzetsmensen. Emiel Bihaye, de cafébaas van de Drie Sterren, is zo'n 'verdacht element'. Hij wordt op het gemeentehuis ontboden, maar komt er met de schrik af.

Op 22 oktober worden 35 gevangenen van Breendonk naar Vught overgebracht, het enige kamp in Nederland, dat naar Duits model is ingericht. Vught heeft immers een apart gedeelte voor joodse gevangenen, een speciale vrouwenafdeling en... een galg, waaraan elf Belgische verzetslieden worden opgeknoopt.

Intussen glijdt de herfst haast ongemerkt voorbij. Eind oktober zijn enkele kampbewoners de moestuin aan de rand van het fort aan het omspitten onder leiding van Van Praet. De hovenier vindt dat Jean Blume die alles bij elkaar nog amper veertig kilo weegt, te veel loopt te lanterfanten. 'Hé, scheelt er wat?' vraagt hij. 'Je hebt blijkbaar alle tijd.' Van Praet begint Blume de les te lezen en roept naar Vermeulen: 'Onze vriend hier is een echte zweetdief.' 'Ken jij hem?' informeert de ss'er. 'Of ik hem ken', zegt de hovenier. 'het is een dikke profiteur! Daarop stapt de ss'er kalm op Blume af, grist de schop uit diens handen en treft de Brusselaar met de zijkant ervan tussen oor en schouder, waardoor diens oorschelp wordt afgescheurd. Vermeulen maakt aanstalten om opnieuw uit te halen, maar Wyss duwt hem hardhandig weg. 'Hou op', zegt hij tegen Vermeulen, die rood aanloopt.

Blume betast zijn oor en voelt dat er bloed uit druppelt. Het huilen staat hem nader dan het lachen, maar hij houdt zich goed. 'Heb je een zakdoek?' vraagt Wyss. Geen enkele gevangene bezit een zakdoek dat weet de ss'er maar al te goed. Is dit een valstrik of zo? Blume haalt voorzichtig een lapje te voorschijn dat hij toevallig bij zich heeft. 'Wikkel het maar gerust om je hoofd', zegt Wyss joviaal en hij geeft de Brusselaar een klopje op de schouder. 'Maak je maar geen zorgen, het komt wel goed.' Daarop trekt hij Blume mee naar de ziekenzaal. 'Zo', zegt hij tegen de dokters Jodogne en Royer. 'Toon maar eens wat u kunt.' Ze hechten de diepe wonde zonder verdoving, terwijl Blume, de ogen halfgesloten, de pijn verbijt.

Midden november rukken de geallieerden verder op in Italië en dringt het Rode Leger de Wehrmacht over een breed front terug. In België gaan de aanslagen op Duitse handlangers onverminderd voort.

Robert Baele zingt van de ene op de andere dag een toontje lager. Hij begint zowaar zijn leven te beteren. De pakjes die de families opsturen, geeft de ss'er gedienstig aan de gevangenen door en hij deelt zelfs links en rechts wat sigaretten uit. 'Ik hoop dat je later een goed woordje voor mij zult doen', zegt hij ongegeneerd.

'Ik ben verdomd hard geweest, maar ik zal nog harder optreden', gromt Prauss geprikkeld tegen de gevangenen die hij op de binnenplaats verzameld heeft. De luitenant is pas terug uit de Duitse hoofdstad, die tijdens zijn korte trip onafgebroken gebombardeerd werd – een groot deel van het huizenblok waarin zijn familie woont ging in rook en vlammen op. De ogen van de luitenant staan, zoals meestal, troebel van de drank. Zijn humeur lijkt met de minuut slechter te worden. Zijn vuisten ballend schreeuwt hij: 'Als het nodig is, zal ik over lijken gaan, reken maar!'
De Vlaamse ss'er Vermeulen, die voor de vertaling zorgt, begint bij de uitdrukking 'over lijken gaan' te hakkelen. Jan Van Calsteren, die talen heeft gestudeerd, lacht een beetje schalks, als om te beduiden dat de superieure ss'er in feite maar een sukkelaar is. Vermeulen zoekt een mogelijkheid om zich voor de ogen van het publiek nog een houding te geven. 'Wat sta je daar nu naar mijn ogen te gapen. Die mankeren niets, hoor! Kom eens hier!' roept hij tegen Van Calsteren. Nog voor die kan reageren, geeft Prauss hem uit alle macht een stomp in zijn gezicht. Dan sleept hij de Antwerpenaar naar de donkere gang, waar hij hem zonder genade met de bullepees bewerkt. Van Calsteren geeft geen kik. 'Nu weet ik zeker dat de nazi's hun beste tijd hebben gehad', spreekt hij zichzelf moed in.

DE PROFESSOR

Op maandag, 15 november pakt majoor Schmitt zijn koffers. Hij laat nog wat rommel achter met de bedoeling die later op te halen en maakt dan zonder veel tamtam plaats voor zijn opvolger, SS-Sturmbannführer Karl Schonwetter uit Wenen. Ongetwijfeld geloven de leiders van de SIPO/SD dat het beter is Schmitt veilig en wel naar het Hauptsicherheitsamt in Berlijn terug te halen, voor het te laat is. Voorlopig blijft hij nog wel even in 'het kasteeltje' wonen tot een wonde aan zijn linkerhand is genezen. De opluchting is onbeschrijflijk na het onverwachte vertrek van de schijnbaar ongenaakbare Schmitt, al valt het nog te bezien of de wereld er beter uit zal gaan zien onder zijn opvolger.

Leon Halkin, professor in de geschiedenis aan de Luikse universiteit, merkt hoe uitgelaten de sfeer is als hij op 17 november kamer 6 betreedt. De professor, die tot voor kort de hulp aan ondergedoken werkweigeraars coördineerde, belandt te midden van communisten en socialisten, Vlamingen, Walen, intellectuelen en arbeiders. Het bonte gezelschap verdringt zich rond hem en de Luikenaar kan niet vaak genoeg uitleggen dat de Italiaanse regering de definitieve wapenstilstand heeft getekend. Zijn toehoorders gaan bijna uit hun dak. Ze geloven heilig dat een geallieerde invasie voor de deur staat. 'Zover is het nog niet', waarschuwt Halkin. Maar al maant hij tot voorzichtigheid, het baat niet veel.

De eerste dagen heeft Halkin veel last van de Duitse SS'ers, maar hij vindt ze minder erg dan Wyss en De Bodt. Die schreeuwen de hele tijd met een stem die pijn doet aan zijn oren. Als ze niet tekeergaan tegen hem, dan roepen ze tegen elkaar. In de zeldzame momenten dat ze hun mond houden, beginnen de andere bewakers tegen hem uit te varen. Alleen dankzij zijn kamergenoten kan de Luikse professor de beproevingen doorstaan. Ze helpen elkaar waar nodig. Het is meteen duidelijk dat ze aan dezelfde kant staan hoewel ze het niet altijd met elkaar eens zijn.

Soms discussiëren ze over de toekomst en over een betere maatschappij dat de stukken eraf vliegen. Er gaat een wereld voor Halkin open. Hij beleeft veel plezier aan de lessen elektriciteit en Nederlands die hij krijgt en op zijn beurt vertelt hij over *Le Rouge et le Noir* van Stendhal en *Le Grand Meaulnes* van Alain-Fournier. De zaterdagavonden of zondagnamiddagen zijn de zaligste uren. Dan zingt Jean Blume soms 'Dans un coin de mon pays'.

Luitenant Marcel Dumonceau uit Laken, een stoere en zwaargebouwde kerel van een jaar of veertig, zit sinds 10 juli in een eenpersoonscel, maar hij heeft zijn bravoure en zijn hoop nog niet helemaal verloren. 'Ik moet hier zo snel mogelijk zien weg te komen', denkt hij. Van dokter Jean Royer, die zich in het kamp tamelijk vrij mag bewegen, krijgt Dumonceau een mesje waarmee hij geduldig een kleine opening in zijn celdeur kerft.

Op een zondagavond sluipt hij de gang op en loopt ineengedoken langs de kamers. Het fort ligt er verlaten bij. In de verte zoemt het verkeer op de weg Brussel-Antwerpen en als het geluid even wegsterft, merkt Dumonceau... dat hij niet meer alleen is. Voordat hij het weet, werpen enkele bewakers zich op hem. Ze schoppen hem en blijven hem schoppen. Vervolgens binden ze zijn handen op zijn rug en zijn enkels aan elkaar en bevestigen zijn polsen aan zijn voeten. En daarna beginnen ze hem weer af te ranselen.

Zijn gekerm houdt professor Halkin de hele verdere nacht wakker. De volgende morgen ziet de prof hem bont en blauw geslagen in de gang liggen. Ten slotte wordt de Lakenaar met een zware ketting aan de muur van zijn cel vastgeklonken. Dokter Royer huivert als hij zijn vriend terugziet. 'Ik heb u niet verraden', fluistert Dumonceau flauwtjes.

Op dinsdag, 30 november gaan de gevangenen 's morgens niet naar buiten. Dat voorspelt niet veel goeds. In kamer 1 zit Hertz Jospa met hangende schouders en gesloten ogen. Het brein achter de aanval op de twintigste deportatietrein is er de enige jood. Na drie maanden opsluiting ziet hij er ouder uit dan zijn 38 jaar. Dan zwaait de deur open: luitenant Prauss staat op de drempel. Iedereen moet mee naar kamer 14. Als Jospa de kamer wil binnengaan, duwt Prauss hem ongemerkt in een nabijgelegen cel. Vervolgens verzamelt de luitenant vijftien terdoodveroordeelden. Onder hen de kleine joodse kleermaker Moses Lando, de spoorwegarbeider Georges Theys uit Luttre en de Bulgaarse partizanenleider Thodor Angheloff. Zij moeten boeten voor de recente aanslagen.

Als de salvo's weerklinken, zijn de mannen in kamer 14 ervan overtuigd dat Jospa er geweest is. Dan gaat de deur open. Iemand stapt gezwind de kamer binnen. 'Jospa, bent jij het? Hoe is dat mogelijk?' Iedereen is met verstomming geslagen. Jospa is ontroerd door deze hartelijke ontvangst en legt uit wat er is gebeurd. Onder zijn strozak vindt hij een paar linnen kousen die Moses Lando, de kleine kleermaker, daar als afscheidsgeschenk heeft achtergelaten.

Dankzij de leveranties van brood, aardappelen en andere levensmiddelen door het Tehuis Leopold III is de grootste honger voorbij. En Prauss kan niet meer doen wat hij wil.

De nieuwe commandant heeft hem veiligheidshalve de sleutels van 'de bunker' afgenomen nadat hij in de folterkamer een slachtoffer levenloos, bungelend aan de katrol, had aangetroffen.

Er komen de hele tijd nieuwe gevangenen bij. Eind december zit Breendonk propvol. Er verblijven nu zowat vijfhonderd gedetineerden. Er treden ook nieuwe SS'ers in dienst, onder anderen de Luikenaar Frans Vanhul en Edmond Cuyd, een 23-jarige mandenmaker uit Hingene, die respectievelijk op het bureau en in het magazijn tewerkgesteld worden.

Op kerstavond verdelen De Bodt, Wyss en Prauss pakjes van het Belgische Rode Kruis. In kamer 1 krijgt iedereen een pakje, op Hertz Jospa na. 'Waag het niet hem iets te geven', waarschuwen de SS'ers. Na hun vertrek biedt een gevangene Jospa wat eten aan, maar die slaat het aanbod af. Daarop dwingen alle kamergenoten, van de eerste tot de laatste, Jospa een kleine portie van hun eten aan te nemen, zodat hij uiteindelijk driemaal zoveel als de anderen krijgt.

Het wintert volop op kerstdag. Boven het kamp hangt een dik, laag wolkendek en vele gedetineerden zitten in dekens gehuld op hun strozak. 'Nog drie lange wintermaanden', zucht iemand. 'En dan is het lente', voegt Pierre Diriken er opgeruimd aan toe, terwijl hij met zijn armen een zwaaiende beweging maakt. De senator uit Tongeren houdt er de moed in. 'Regen en donder louteren de ziel', zegt hij tegen professor Halkin. 'Ons doel – de bevrijding – komt in zicht.' De hoogleraar roept de steun van boven in en begint opeens psalm 69 op te zeggen: 'Heer, haast U ons ter hulp te komen.' 's Avonds luiden de kerkklokken in het dorp. De slagen vallen galmend als metalen druppels op de vloer van kamer 6. Het klinkt zo prachtig dat het wel lijkt alsof de engelen uit de hemel zijn gekomen om speciaal voor Halkin een kerstlied te zingen.

Op oudejaarsavond blijven Halkin en zijn kamergenoten wakker. Terwijl een ijzige wind alle gaten en kieren binnendringt, wensen ze elkaar het beste voor het nieuwe jaar.

DEEL VIJF | 1944

'Je bent gehecht aan de steen
zoals je aan het leven bent gehecht.'

DE AMBTENAAR

Wat zal 1944 brengen? Nog meer verschrikkingen? Of de langverwachte landing van de geallieerden waarop zelfs in de pro-Duitse kranten wordt gezinspeeld?

De eerste dagen van het jaar vriest het dat het kraakt. Hoewel Wyss en De Bodt goed ingeduffeld zijn, lopen ze stampvoetend heen en weer, de handen diep in de zakken, waardoor ze stukken zachtzinniger zijn. In dit vriesweer moeten de sjofel geklede gevangenen bergen beton en puin met de blote hand versjouwen. Ze werken nu in de nabijheid van de galg, waar onlangs een gedeelte van het fort opgeblazen werd.

De Brusselaar Aaron Raindorf, een 25-jarige Poolse antifascist die als ambtenaar op het ministerie van Volksgezondheid heeft gewerkt, zit nu al bijna een half jaar in afzondering. Het afgelopen jaar werd zijn broer in Keulen onthoofd en zijn vader in Auschwitz vergast. Tijdens zijn eenzame opsluiting maakt Raindorf kennis met een zekere Heinz Sturme, een eenvoudige soldaat die kennelijk om een praatje verlegen zit. Hij vertelt honderduit over zijn vrouw en vier kinderen die in Keulen wonen. Aanvankelijk weet Raindorf niet goed wat hij van hem moet denken. Is hij wel te vertrouwen? Pas als Sturme brieven binnen- en buitensmokkelt maakt Raindorfs achterdocht geleidelijk plaats voor achting. Dankzij Sturme kan Raindorf met zijn moeder corresponderen en is hij op de hoogte van de laatste ontwikkelingen aan het front.

Op 10 januari vertrekt oud-commandant Schmitt voorgoed naar Berlijn. Zijn vrouw blijft in Antwerpen achter en gaat er aan de slag als secretaresse van de SD'er Hermann Veit, die op 14 januari in Deurne 97 personen laat oppakken, waaronder een veertigtal politieagenten. De officieren Veerman, Hermans en Spitaels maken in Breendonk kennis met hun dorpsgenoot Wyss. 'Hoe ben jij hier verzeild geraakt? Je bent zeker lid van de Witte Brigade?' vraagt Wyss. Omdat Spitaels ijzig blijft zwijgen, mept Wyss hem neer. 'Probeer je niet van den domme te houden', schreeuwt hij. 'Je verdient het niet een politieuniform te dragen.'

Jozef Veerman, een eind in de dertig en lid van de Witte Brigade, wordt in kamer 7 gedropt, waar een man of veertig zitten. 's Morgens vroeg moeten ze om halfzes opstaan en achter elkaar aan met twee onder één vuile zak naar de toiletten wandelen, terwijl de bewakers in het Duits de cadans aangeven.

Een onbekende schreeuwt iets naar Veerman. Daarop vraagt een Vlaamse SS'er: 'Wie heeft mij een smeerlap genoemd?' Niemand geeft antwoord. Veerman schuifelt weer op de tast naar zijn kamer. Ongeveer een kwartier later verschijnen Prauss, Wyss en De Bodt in de deuropening met een bullepees in de hand. Iedereen springt in de houding. Prauss richt zich tot de kameroverste, Julien Ameye uit Schelle. 'Zeg eens, wie heeft de Vlaamse SS'er voor smeerlap uitgemaakt?' 'Eerlijk waar, ik weet van niks', antwoordt Ameye kalm. De luitenant geeft hem een paar klappen, kijkt op zijn horloge en zegt: 'Ik geef je een halfuur om de raddraaier te vinden.'

Het duurt niet lang of het trio is er weer. 'Hoe staat het ermee?' vraagt Prauss op hoge toon. Vlak achter hem kijken Wyss en De Bodt uitdagend toe. Iedereen houdt zijn mond. 'Mooi', wrijft de luitenant zich in de handen, 'jullie willen niet praten. Mij goed. Daar zul je nog spijt van krijgen.' 'Vanaf morgenochtend blijven jullie voor je bed staan zonder eten of drinken totdat ik de durfal ken. Indien nodig laat ik jullie een hele week staan. Begrepen? En naar jullie strozakken mag je ook fluiten.'

De volgende morgen, een zondag, gaat de straf in. De hele verdere dag en nacht moet Veerman voor zijn bed blijven staan. Hij kan alleen even uitrusten als hij op de pispot gaat zitten. De Antwerpenaar is de wanhoop nabij en bibbert van de kou want de SS'ers hebben de ramen opengedaan en hij voelt de wind meedogenloos naar binnen waaien. Middenin de nacht begint André Vanroelen een liedje te neuriën. Veerman draait zich verbaasd om. 'Wat zing je, André?' 'Verloren paradijs', zegt Vanroelen, 'een Frans filmlied.' 'Meen je dat?' 'Wel ja', zegt Vanroelen, 'we zijn hier het paradijs verloren, maar daarom niet getreurd, we vinden het wel terug.'

Veerman staat al bijna 34 uur aan één stuk voor zijn bed als de SS'ers opnieuw opdagen. De Deurnese politieofficier krijgt het beurtelings warm en koud. 'Is de grapjas van plan zich bekend te maken? vraagt Prauss. Een jongen uit Leuven stapt naar voren. 'Het spijt me', fluistert hij schichtig, 'ik heb wel iets geroepen.' De Bodt en Wyss nemen daarop de Leuvenaar in een pijnlijke houdgreep en leiden hem weg. Niemand zal hem nog ooit terugzien.

Eind januari neemt de repressie sterk toe. Een Limburgse partizanengroep wordt opgerold en Waalse SS'ers en Rexisten vermoorden oud-minister François Bovesse. Breendonk moet nu een eindeloze stroom verzetslieden verwerken.

Op dinsdagmorgen, 8 februari staat het kamp in rep en roer. Jan Van Calsteren, dokter Jodogne, Jan Suy, Benoît Michiels en nog 52 andere gevangenen worden op de binnenplaats bijeengedreven.

De groep trekt in de duisternis naar het station van Wille-broek, waar enkele jonge Nederlandse SS'ers de uitgemergelde gevangenen kritisch opnemen en gebaren dat ze in twee wagons plaats moeten nemen. De morgen is nog jong als de trein schokkend wegrijdt. In Antwerpen houdt hij ter hoogte van Schijnpoort even halt. Door de spleten kan Van Calsteren nog net een glimp van zijn ouderlijk huis in de Marbaixstraat opvangen. Pas als de trein in het Nederlandse Vught aankomt, kan hij herademen. Vergeleken met Breendonk is Vught de hemel op aarde. Hij krijgt er kleren en eten en hij mag brieven naar zijn moeder sturen. 'Ik ben en blijf een optimist', schrijft hij. 'Je moet niet denken dat ik hier mijn tijd verbeuzel. Nee, ik doe een hoop levenswijsheid op en voorts leer ik een beetje met mijn handen werken. En dat is nog zo kwaad niet.'

DE TERECHTGESTELDE

Sinds zijn mislukte ontsnappingspoging in november zit Marcel Dumonceau eenzaam en geketend in zijn donkere cel die steeds kleiner lijkt te worden. De muren schijnen op hem toe te komen. De luitenant uit Laken kan maar één ding doen: afwachten en hopen op een snelle nederlaag van Duits-land. Maar het lijdt voor hem geen twijfel dat de nazi's weer-wraak zullen nemen.

Op maandag, 14 februari worden elf gijzelaars in Breendonk gefusilleerd. Drie dagen later zijn er weer zes aan de beurt, onder wie Georges Livchitz, wiens jongere broer Alexandre een week eerder op de Nationale Schietbaan te Schaarbeek werd terechtgesteld.

De toestand wordt hoe langer hoe waanzinniger. Dumonceau zit in z'n cel aldoor bang te luisteren en te loeren, wachtend op het moment dat iemand zijn celdeur zal openrukken. Op 22 februari is het zover. Dumonceau moet in zijn eentje zijn doodvonnis aanhoren want de kampleiding heeft de aalmoezenier er ditmaal buitengehouden. Zich nauwelijks bewust van de koude loopt de Lakenaar even later over het hobbelige pad naar het executieterrein. Terwijl hij aan een paal wordt vastgemaakt, hoort hij het geronk van auto's op de autoweg naar Brussel. Daarop weerklinken de schoten.

Edmond Cuyd slaat meteen de kleren van de terechtgestelde aan. 'Anders worden ze toch maar weggegooid of verbrand', zegt de SS'er uit Hingene vergoelijkend tegen Charles Hullebroeck, een officier uit Elsene die hem in het magazijn helpt. Cuyd klaagt graag: 'Ik kan u verzekeren dat het geen lolletje is als kampbewaker in Hingene rond te lopen. Maar wat kan een arme mandenmaker anders doen?' Cuyd stopt Hullebroeck af en toe wat brood en sigaretten toe, alsof hij iets wil goedmaken. Maar dat neemt niet weg dat hij stapels kleren en linnengoed, afkomstig van het Tehuis Leopold III, mee naar huis sleept.

In de omgeving van Leuven gaat de klopjacht van de Gestapo onverminderd door. Tientallen mensen worden opgespoord en aangehouden. Op 24 februari worden verscheidene inwoners van Herent in Breendonk afgezet.

De volgende ochtend mag niemand naar buiten. Rond negen uur halen bewakers twaalf verzetsmannen op, die kort geleden na een hevig vuurgevecht in het woud van Senzeilles zijn ingerekend. Ze lopen door holle gangen tot ze de kantine bereiken. Een van hen, Julien Lehouck, kijkt verbaasd om zich heen. Het vertrek is als een rechtszaal ingericht. Lehouck is verstandig genoeg om te beseffen dat hij voor een tribunaal van de Duitse Wehrmacht staat.

'Wat is je naam?' vraagt de voorzitter. 'Julien Lehouck.' 'Je bent lid van het maquis van Senzeilles?' Lehouck reageert niet. 'Je hebt Amerikaanse soldaten verstopt', vervolgt de rechter. Zijn stem vult de hele ruimte. 'Je zult toch zeker wel weten waar je hen verborgen hebt? Ik maan u aan te spreken.' Lehouck staat daar zonder zich te verroeren. Hij heeft voor zichzelf uitgemaakt dat hij niets zal zeggen.

De verzetslieden van Senzeilles worden één voor één aan de tand gevoeld, bedreigd, weer ondervraagd, tot bloedens toe mishandeld, maar allen houden hun mond. 'Breng hen maar naar buiten', beveelt de voorzitter nors, eraan toevoegend: 'Het is nog niet afgelopen, als je dat maar weet.'

Om twee uur 's namiddags worden ze weer naar de rechtszaal gebracht. De voorzitter draait er niet omheen. 'Jullie zijn tot de strop veroordeeld', zegt hij. 'Jullie kunnen alleen je hoofd nog redden als je ons de schuilplaats van de piloten aanwijst.'

Aalmoezenier Gramann is ontzet als hij de twaalf veroordeelden in een kamer ziet zitten met hun bebloede gezicht. Wie het wenst, geeft hij de kans een afscheidsbrief te schrijven en de communie te ontvangen. Even later leiden de bewakers de twaalf naar buiten. Ze steken een kale vlakte over die bezaaid is met cementblokken en losse stenen. Aan het eind ervan verheft zich de galg als een kruis dat staat te wachten tot iemand erop gekruisigd zal worden.

Rond zes uur worden de eerste drie terdoodveroordeelden in het bijzijn van hun makkers opgeknoopt. Na een tiental minuten worden hun slappe lichamen losgemaakt en in houten doodskisten gelegd. Plotseling stijgt er een gesmoord gesnik op. De Duitsers weten niet beter of de doden zijn herrezen en ze vuren voor de zekerheid enkele kogels in de kisten af. Dan worden de resterende negen verzetsstrijders in groepjes van drie opgehangen en gekist.

Op deze 25ste februari worden Ferdinand Desiron, Jacques Damant en Désiré Verheyden, die allemaal uit de streek van Leuven komen, het fort binnengeleid. In het kantoor trekt De Bodt Desiron bij de oren. 'Wel, stuk bandiet', zegt hij, 'laten we eens beginnen bij het begin. Wat heb jij uitgespookt?' 'Ik ben een partizaan', antwoordt Desiron. De Bodt fronst het voorhoofd en roept over zijn schouder naar zijn collega's: 'Moet je horen. Onze vriend hier is de grappigste thuis, hij beweert dat hij een partizaan is.'

De duisternis is al ingevallen als Desiron kamer 7 betreedt en beduusd op de drempel blijft staan. Vanaf de rand van zijn bed staart Jozef Pardon hem aan. 'Verdorie, ben jij het Fernand? Je hoeft echt niet bang te zijn. Hier zitten alleen vrienden.' Enkele mannen heffen het hoofd op. Desiron herkent Jef Vandevenne uit Linden en 'Warreke de smokkelaar' uit Herent.

'Probeer wat te slapen', zegt Pardon tegen de nieuwelingen. Wijzend naar het open raam verduidelijkt hij: 'U mag gerust met twee in één bed kruipen, dan hebt u tenminste twee dekens om u te verwarmen. U zult wel op de houten latten moeten liggen, want Prauss heeft onze strozakken laten weghalen.'

Desiron en Verheyden leggen zich samen te ruste, maar zij zetten op een fluistertoon hun gesprek voort totdat een SS'er zijn hoofd naar binnen steekt. 'Stil!' adviseert Pardon, 'anders worden we morgen zwaar gestraft.'

Desiron is door en door stijf en verkleumd als Verheyen hem rond vijf uur op de schouders tikt. Hij komt moeizaam overeind, knoopt snel zijn jas dicht, vouwt de dekens op en begeeft zich naar de wasplaats.

De Leuvenaars hebben het statuut van 'arrestant'. Dus brengen ze de 26ste februari staande in hun kamer door. In de gangen stampen de laarzen en wordt er verschrikkelijk gevloekt. Er breekt een lichte paniek uit als Prauss binnenkomt en de nummers van vijf Leuvenaars afroept. De broers Nicolas en Henri Boets, Maurice Hollanders, Jan Boelens en Pieter Decoster verlaten de kamer met gebogen hoofd. Ze maken deel uit van een groep gijzelaars die moeten opdraaien voor een aanslag op de woning van de SD-chef in Brussel. Op de lijst met twintig namen prijken ook die van de broers Maurice en Ferdinand Brouns uit Ougré en de partizanen Bruno Weincast, Jean Moetwill en Lucien Orfinger. Hun uren zijn geteld. Ze worden nog dezelfde dag, zonder enige vorm van proces, gefusilleerd.

In minder dan twee weken zijn in totaal al een stuk of vijftig mensen opgehangen of gefusilleerd. Het lijkt wel een horrorfilm waarvan de afloop steeds erger en onvoorstelbaarder wordt. Ferdinand Desiron kan zich niet voorstellen dat zoiets kan blijven duren. Maar toch... Op woensdag, 1 maart klinkt voor de zoveelste keer het bevel: 'Vensters dicht!' 'Verdomme nog aan toe', denkt de Leuvenaar, 'heeft dat moorddadige spel nu nog niet lang genoeg geduurd?' Even later staat Prauss op de drempel. Hij roept een aantal nummers af. De broers Gaston en Frans Jourand uit Bertem verlaten de kamer, zonder iets te zeggen. Even later ziet Desiron tien streekgenoten voorbijkomen. Als hij de ratelende salvo's hoort, weet hij dat zij uit zijn leven zijn verdwenen.

DE PAARDENHANDELAAR

De toeloop van arrestanten uit de omgeving van Leuven lijkt niet te stuiten. Op 3 maart arriveert een groep van veertig man, waaronder heel wat leden van het Geheime Leger. André Simonart, een professor geneeskunde, moet zijn persoonlijke bezittingen, met inbegrip van vierduizend frank, aan De Saffel afgeven. Hij krijgt een uniform met daarop de rode T van 'terrorist' net als Jozef De Coster uit Wespelaar en zijn drie zonen. De Coster heeft alleen maar in zijn elektromotorenfabriek een paar ondergedokenen tewerkgesteld en zijn drie zonen François, Willy en Roger zijn alleen maar betrokken bij de clandestiene pers.

In kamer 6 ontmoet Simonart een van zijn studenten, Henri Vanmolkot, die met het hoofd in de handen voorovergebogen aan tafel zit. Vanmolkot verblijft hier al een tweetal weken en lijdt aan difterie.

De Coster en Simonart worden tot hun verbazing niet verhoord. Als 'arrestanten' ontsnappen ze weliswaar aan zware handenarbeid, maar dat is ook alles. Na de ochtendwandeling naar het toilet, zoals gebruikelijk met een blauwe zak over het hoofd, moeten ze de hele dag zwijgend en onbeweeglijk voor hun bed blijven staan. Na verloop van tijd krijgt De Coster last van gezwollen voeten en begint het hem voor de ogen te schemeren van vermoeidheid. Rusteloos vouwt hij zijn handen op de rug en wiegt langzaam op z'n zolen heen en weer, maar bij de geringste beweging vlijmt een scherpe pijn door hem heen.

Op zaterdag, 4 maart loopt een zekere Esser, een korporaal van de veelgelauwerde Leibstandarte SS Adolf Hitler, in Bosvoorde in een hinderlaag. Als vergelding beveelt von Falkenhausen de executie van vijftien gijzelaars. De dinsdag daarop stapt een bewaker in alle vroegte Halkins kamer binnen en roept diens nummer af. In zijn verbeelding ziet de Luikse prof zich al voor de executiepalen staan, maar een paar minu-

ten later bevindt hij zich in een schamel gemeubileerd wachtlokaal, waar hij zijn vriend Jean Nysthoven en acht andere
medestanders aantreft. 'Jullie vertrekken vandaag', zegt
Prauss laconiek. De luitenant knikt naar hen dat ze op kunnen hoepelen. Even later worden ze door een handvol Roemeense en Hongaarse ss'ers, die sinds kort in het kamp
dienstdoen, met een vrachtwagen naar Sint-Gillis gevoerd.

Halkin is nog maar pas vertrokken als in Breendonk negen
gijzelaars naar de executieplaats geleid worden. De bewakers
nemen grote stappen en de negen moeten op een drafje met
hen meehollen. Van de negen komen er acht uit de buurt van
Leuven en de negende, Julien Ameye, heeft in de elektrici-
teitscentrale in Schelle gewerkt en is leider van de Vlaamse
partizanen.

Door een ongelukkig toeval arriveert het vuurpeloton te laat
en op de koop toe zijn de ss'ers stomdronken. De bevelhebber loopt wankelend op de terdoodveroordeelden toe en
begint hen tientallen dwaze vragen te stellen. Aalmoezenier
Gramann verzoekt Schonwetter in te grijpen maar de commandant schudt het hoofd. 'Laat hem maar begaan', zegt hij.
'Je ziet toch dat hij zat is.' Enkele ogenblikken later weerklinken de schoten. Een korte uitbarsting, die bijna even plotseling ophoudt als zij begonnen is. De dagtaak van de aalmoezenier zit er nog niet op. Hij moet nog de ophanging van Jos-
se Gooris bijwonen.

De toestand van Henri Vanmolkot verslechtert. Op aandringen van professor Simonart laat de Duitse verpleger op 10
maart de Leuvense student in de ziekenzaal opnemen. Antoi-
ne Goethals, een dokter uit Elsene, geeft hem al het serum
dat voorradig is, zo'n tien kubieke centiliter. Maar dat is
ontoereikend om hem er weer bovenop te helpen.

De ziekenzaal lijkt op een gekkenhuis. Dagelijks komen er patiënten binnen met opgezwollen ledematen als gevolg van hongeroedeem. Frans De Keuster, een herbergier uit Herent, heeft een zware maagbloeding gehad en verkeert in een kritieke toestand. Dokter Goethals slaagt erin wat morfine achterover te drukken en de cafébaas in het geniep een inspuiting te geven. Meer kan hij niet doen, want de Duitse dokter jat stelselmatig de medicijnen die het Rode Kruis levert. Hoewel De Keuster al met een been in het graf staat, komt Prauss hem toch nog uit de ziekenzaal weghalen om kipkarren te vullen. Werken doet de herbergier niet lang meer. Hij overlijdt op 16 maart. Een paar gevangenen moeten hem uitkleden en in een doodskist leggen. De Bodt en Wyss spijkeren vloekend het deksel op de kist en geven er bij wijze van laatste groet een paar stevige trappen tegen.

Begin april steken enkele inwoners uit Linden en Leuven in kamer 7 de koppen bij elkaar. 'Laten we proberen te vluchten', zegt Leonard Igo opeens zomaar langs zijn neus weg. Igo, bijgenaamd Warreke Poel, is een 48-jarige paardenhandelaar uit Linden. Hij helpt in de keuken. Gustaaf Van Aerschot, Ferdinand Desiron en Frans Aerts horen het in Keulen donderen. 'Laten we eerlijk zijn', vervolgt Warreke Poel, 'wie niet waagt, die niet wint.' Er valt een drukkende stilte. 'Het is waar', geeft Desiron toe, 'maar hoe wil je het klaarspelen?' 'Wel, ik zal jullie uitleggen wat er te doen staat', vervolgt Igo. 'Als we 's morgens de toiletemmers ledigen, moeten jullie de wachters in de gang overmeesteren. Op dat moment zal ik een kortsluiting veroorzaken. In het donker verrassen we dan de andere bewakers.' 'Laat dat idee maar varen', zegt Frans Aerts, een politieagent uit Herent. 'Als het misgaat zijn we nog verder van huis.' Aerts is er niet gerust in, maar na een paar minuten zegt hij: 'Vooruit dan maar, we doen het.' 'Ik ga er dus vanuit', zegt Igo met zijn gewone optimisme, 'dat we zaterdag voor Pasen ertussenuit knijpen.' En hij besluit: 'We houden het onder ons, wat er ook gebeurt.'

Hoe Prauss het heeft ontdekt, weet geen mens, maar twee dagen voor de geplande ontsnapping laat hij de samenzweerders op de rooster leggen, afrossen en daarna één voor één naar de smidse brengen, waar de gevangenen Frans Peeters uit Willebroek en Alfons Desloover uit 's Gravenbrakel de ss'er Frans Carleer assisteren. Het bloed gutst van het gezicht van Warreke Poel als hij meer dood dan levend de smidse binnenstrompelt.

'Sla hem maar in de voetboeien', beveelt Prauss, 'en maak ze stevig vast.' 'Wacht even, ik zal ze solderen', stelt Carleer voor. Hij neemt de bout, last de boeien aan elkaar en verbindt ze met een zware ijzeren ketting van ongeveer veertig centimeter. Peeters en Desloover zien de dikke ketens dampen van de hitte en horen de Lindense paardenhandelaar gillen van de pijn. Ze leggen voorzichtig enkele natte doeken op zijn brandwonden. Carleer van zijn kant is ingenomen met het resultaat. 'Kijk eens aan', zegt hij goedkeurend, 'die zal vast en zeker niet meer weglopen.' De drie andere samenzweerders – Ferdinand Desiron, Gustaaf Van Aerschot en Frans Aerts – en zelfs Igo's oom, de 67-jarige Gislain Godevriend, delen Igo's lot.

De gestraften moeten dag en nacht met hun kettingen rondlopen. Het duurt niet lang of hun benen beginnen op te zwellen en op het werk kunnen ze maar met bovenmenselijke krachtinspanning gelijke tred houden met de anderen. Met kleine passen stappen ze hijgend achter de kipkarren, terwijl hun ijzeren kettingen over de grond slepen.

De dag waarnaar Igo zo had uitgezien – zaterdag voor Pasen, 8 april – krijgen de gevangenen een wit broodje, geleverd door het Tehuis Leopold III. 'Reken maar', grinnikt Wyss, 'morgen zullen jullie dubbel zo hard zweten.' Wyss houdt gewoontegetrouw zijn woord. Op paasmorgen roept hij Vital Stein, de politiecommissaris van Herent, en zijn kamergenoten naar het met losse steenbrokken bezaaide terrein naast de executiepalen. Twee uur aan één stuk moeten ze er rondlopen, rondhuppelen, rondkruipen.

De mijnwerker

De dinsdag na Pasen ziet Ferdinand Desiron zijn kameroverste Alfred Paree uit Eisden, bijgenaamd Popoff, in gezelschap van 23 Limburgse partizanen op de binnenplaats voorbijkomen. Paree loopt kaarsrecht, terwijl hij een appel eet. Achter hem lopen de broers Johannes en Jozef Schaeken uit Koersel en Jozef en Emiel Jordens uit Waterschei, allemaal jonge twintigers. De Eisdense mijnwerker Jean Vanhees wendt zijn blik naar de kamer waarin zijn halfbroer Gilles Wilkin zit. Haast even vlug als Wilkin dit alles in zich op kan nemen zijn de 24 aan de andere kant van de binnenplaats beland. Het kletteren van hun klompen sterft langzaam weg en na een poos weerklinken ver weg de dodelijke geweerschoten. Om de bevolking bang te maken, hangt de bezetter in alle Limburgse gemeentehuizen affiches op met de namen en de foto's van de gefusilleerden alsook met de zogenaamde misdaden die ze hebben begaan.

Eind april wordt het arrest van professor André Simonart opgeheven. Hij moet nu als Häftling met de kipkarren werken. De hele tijd wordt hij gesard en geslagen en De Bodt verplicht hem meermalen de kant van de gracht op en af te klauteren. Er blijft Simonart niets anders over dan op de tanden te bijten, hopend dat het tij binnenkort zal keren. Het lot lijkt hem toe te lachen, want al spoedig roept Schonwetter enkele Roemeense ss'ers bij zich en voor de ogen van Simonart breekt hij hun stokken in tweeën.

De professor vertelt het voort. 'Wat! Werkelijk?' Iedereen staart hem ongelovig aan. 'Ik ben er zogoed als zeker van dat de landing van de geallieerden op til is', zegt de prof verwachtingsvol. 'Volgens mij beginnen de Duitsers 'm te knijpen.'

Dan verandert de situatie opnieuw. Op maandag, 24 april voelt Desiron zich zo afgetobd dat hij nauwelijks opkijkt als Prauss zijn hoofd om de hoek van de deur steekt, een nummer afroept en Emiel Van Tilt uit Holsbeek zijn boterham neerlegt en vervolgens moedeloos de kamer verlaat. Desiron ziet even later een zevental Leuvenaars naar het executieterrein stappen. Onder hen Gustaaf Morren, griffier bij de rechtbank van eerste aanleg en Jacques Van Tilt, de broer van Emiel, evenals Frans Aerts en Joseph Vander Elst, respectievelijk politieagent en veldwachter in Herent.

De volgende dagen moeten de gevangenen het kamp schoonmaken. Waarom in vredesnaam?

De morgen van 6 mei worden de gedetineerden vroeg gewekt. 'Vooruit! Inpakken!' De rest van Prauss' woorden gaat verloren als Jean Blume de kamerdeur achter zich sluit. 'Wat gaat er met ons gebeuren?' vraagt hij zich bezorgd af. Dan volgt het appèl. Uit de korte toespraak van luitenant Prauss kan Blume opmaken dat de nazi's voor een onderkomen in het Oosten hebben gezorgd en dat ondertussen het verzet zal worden 'kaputtgemacht'. 'Ditmaal zijn jullie er goed afgekomen', voegt majoor Schonwetter eraan toe, 'want we moesten er hier nog minstens vierhonderdvijftig terechtstellen.' Schonwetter spoort daarop zijn personeel tot actie aan. Het kamp wordt bliksemsnel ontruimd.

Warreke Poel en zijn makkers worden haastig van hun ketens bevrijd, maar met de teruggave van de persoonlijke bezittingen en burgerkleren gaat het niet van een leien dakje. Te veel zakken zijn leeggeplunderd en er ontbreekt van alles. Wyss wordt ongeduldig en besluit dan maar alle schoenen op een hoop te gooien. De 19-jarige Brusselse student in de medicijnen, André Wynen, beter bekend onder zijn partizanennaam 'Ludovic', graait in de massa en pikt er op goed geluk een paar uit, die hij met tegenzin aantrekt, want misschien hebben ze wel aan een terechtgestelde toebehoord?

'Stap in, vlug!' Onder zware bewaking worden 597 gevangenen met vrachtwagens naar het station van Willebroek gevoerd. Een lange rij uitgemergelde en zieke mannen kronkelt zich via het perron in de richting van de klaarstaande trein. Henri Vanmolkot, de student medicijnen, klemt zich vast aan enkele makkers en advocaat Jean Fonteyne valt meer dan hij loopt. Maar toch schijnen ze nieuwe krachten te verzamelen nu de nachtmerrie in Breendonk voorbij is. Waarheen ze ook gaan, het kan er niet slechter zijn. De SS'ers loodsen de gevangenen naar de wagons, sluiten die vervolgens aan de buitenkant af en vuren nog naar het rijtuig waarin professor Simonart zit als de trein het station verlaat.

Naarmate de trein Brussel nadert, begint Blume ongeduldig heen en weer te schuiven. Als de trein ter hoogte van de Belliardstraat stopt, tracht Blume de laatste indrukken van zijn stad, die hij misschien voorgoed verlaat, zorgvuldig in zich op te nemen. Na een poosje zet de trein zich weer knarsend in beweging. Instinctief neemt Blume een stukje papier, krabbelt er een paar woorden op voor zijn familie en steekt het door de spleet van de wagondeur. Hij ziet nog net hoe een vrouw het briefje opraapt. In Schaarbeek stappen nog eens 229 gevangenen uit Sint-Gillis in en dan rijdt de trein in oostelijke richting, naar het concentratiekamp Buchenwald bij Weimar.

Na het vertrek van een kleine zeshonderd gevangenen is het in Breendonk onwezenlijk stil. Er blijven nu nog maar een vijfentwintigtal gevangenen en ongeveer evenveel bewakers over. Onder hen is er één jood: de in Den Haag geboren Roger Van Praag die in Brussel een cruciale rol speelde bij de redding van Nederlandse en Belgische joden.

Wyss kan Van Praag niet uitstaan, zoveel is zeker. Overdag moet die met een kruiwagen zware steenbrokken vervoeren, terwijl de SS'er hem de hele tijd opjaagt en afranselt. Als hij blijft liggen, roept Wyss bijna triomfantelijk uit: 'Der Jude ist müde.' Wyss roept zijn collega De Bodt erbij en samen smijten ze Van Praag met kruiwagen en al in de gracht. Vervolgens loopt Wyss opzettelijk door het slijk en verplicht Van Praag zijn laarzen schoon te maken. Er schijnt geen einde aan de mishandelingen te komen. Dokter Hendrik Reynaers uit Anderlecht kan alleen maar de verwondingen constateren: gebroken neus en kaak en opgezwollen ogen. Van Praag moet door medegevangenen gevoed worden en ziet bijna geen steek meer. 'Zeg maar tegen de majoor dat je niet tegen de zon kunt', grapt Wyss. En hij voegt eraan toe: 'Jij zult nooit levend Breendonk verlaten. Dat geef ik je op een briefje.'

De magazijnmeester

Op 12 mei wordt de leider van de Witte Brigade, Marcel Louette, bijgenaamd Fidelio, door de Antwerpse SD'ers Herman Veit en Ferdinand Frankenstein in Breendonk gemarteld. Ze dompelen zijn hoofd onder water tot hij bijna stikt en gieten vervolgens enkele druppels ammoniak in zijn mond en neus. Ten slotte wordt Louette halfdood in cel 9 op een plank gelegd en met een deken toegedekt.

Begin juni raakt de oorlog in een stroomversnelling. Op 5 juni valt Rome en een dag later landen de geallieerden in Normandië. De langverwachte invasie is begonnen. Prauss is er kennelijk niet gerust in en geeft de Mechelse timmerman Norbert Van Eynde opdracht de galg af te breken, de executiepalen aan stukken te zagen en de bullepezen te verbranden. Henri Van Deuren moet de katrol uit 'de bunker' verwijderen.

Op zaterdag, 10 juni worden alle gevangenen met vrachtwagens naar de gevangenis van Sint-Gillis afgevoerd. Tijdens de reis moeten ze geknield zitten, de handen op de rug, bewaakt door de Roemeense SS'er Schneider en drie Duitse soldaten. Vijf dagen later verhuizen dokter Hendrik Reynaers en Lodewijk Verheyen, een jonge Antwerpse onderwijzer, opnieuw naar Breendonk. De 27-jarige geneesheer uit Anderlecht belandt onmiddellijk in een cel. Gelukkig weet hij niet dat zijn vrouw en zoontje van negen maanden in de Dossin-kazerne zitten, waar de joodse verpleegsters goed voor het 'Arische' kind zorgen.

Breendonk is nu vrijwel uitgestorven. Er verblijven nog hooguit een tiental gedetineerden. Hoewel de laatste weken ogenschijnlijk alles is veranderd, zijn de SS'ers hun streken nog niet kwijt. Wyss is nog dezelfde onberekenbare bruut, vooral als commandant Schonwetter niet in de buurt is.

Marcel Franckson, een man van een jaar of zestig, hoofdingenieur bij de Belgische spoorwegen en vooraanstaand lid van het Geheime Leger in de provincie Namen, wordt haast dagelijks mishandeld. Wyss beveelt hem zelfs een put te graven. 'Ik ga je levend begraven', zegt hij. Hij gooit Franckson erin, en vult de put zodat alleen het hoofd van de ingenieur nog boven de grond uitsteekt. Pas na een tiental minuten wordt Franckson uit zijn netelige positie bevrijd.

In de tweede helft van juni arriveren Ephraim Rottman, Aron Baumgard en Arnold Brucker. Deze vaderlandsloze joden van Oost-Europese afkomst worden in het magazijn tewerkgesteld. Brucker moet er onder meer voor de doodskisten zorgen. Wyss, die graag moppen tapt, wijst naar een kist en zegt tegen de magazijnmeester: 'Dat is precies uw maat.' 'Dat klopt', antwoordt Brucker prompt, 'maar we zijn bijna even groot, vergeet dat niet.' Er stromen zoveel joden toe dat Alfred Heilberg begin juli tot kameroverste wordt aangesteld. Er komt ook nieuw SS-personeel. Gaston Van De Voorde uit Gent die voorheen bij de Waffen-SS en bij de Antwerpse SD werkte, gaat als kantoorbediende aan de slag.

Dokter Reynaers helpt af en toe de Duitse verpleger Bock in de ziekenzaal. Eén van zijn patiënten, de Tsjechoslowaak Hugo Kotsch, lijdt aan suikerziekte. De dokter vreest voor zijn leven, maar Prauss verbiedt hem Kotsch insuline te geven. De suikerzieke mag uiteraard niet eten en drinken wat hij wil, maar daar houdt de luitenant geen rekening mee. De hoeveelheid suiker in Kotsch' bloed neemt dan ook zienderogen toe. Hij krijgt de ene diabetische crisis na de andere, waardoor het vaatstelsel van zijn hersenen onherstelbaar wordt beschadigd. Op zondag, 10 juli laten zijn nieren en lever het afweten. Kotsch verliest het bewustzijn en overlijdt.

Op dezelfde dag wordt Georges Hannart in Breendonk terechtgesteld. Het is de laatste terechtstelling, bevolen door von Falkenhausen, want drie dagen later wordt hij op bevel van Hitler vervangen door Gauleiter Josef Grohé.

Nu de ondergang van nazi-Duitsland zich aftekent, proberen Schonwetter en andere SS'ers op de valreep nog hun zakken te vullen. Een groot deel van de leveringen van het Tehuis Leopold III – het gaat in totaal om 82.000 kg aardappelen, 60.000 kg brood, 500 pull-overs, 1700 paar kousen, 1.000 hemden en 500 paar schoenen – raakt dan ook niet in het bezit van de gevangenen. De kampcommandant verpatst groenten en aardappelen, die Van Praet in de moestuin van het fort heeft geteeld, aan handelaars uit de streek van Willebroek. Met de opbrengst van de verkoop van zevenduizend kilo snijbonen en ettelijke duizenden kilo's aardappelen schaft hij zich in Sint-Niklaas een bontmantel aan ter waarde van tachtigduizend frank. Zijn vrouw komt zelfs uit Duitsland over om de mantel te passen.

DE SUBSTITUUT

Op vrijdagavond, 4 augustus, wordt er hardnekkig geklopt op de ijzeren deur van het appartement gelegen op de vierde verdieping aan de Generaal Lemanstraat 39 te Antwerpen. Hilda Daneels ziet op de klok dat het al halftwaalf is en werpt een bezorgde blik op haar echtgenoot Dirk Sevens, een slanke en onkreukbare substituut die in opdracht van de clandestiene organisatie Socrates ondergedoken verzetslieden helpt.

Nog geen minuut later dringen Ferdinand Frankenstein en Willy Van De Velde de flat binnen. De SD'ers nemen Hilda Daneels en haar twee kinderen van 6 en 2,5 jaar mee naar de slaapkamer en beginnen in het appartement rond te snuffelen. Daarna voelen ze haar man in de eetkamer aan de tand, kennelijk zonder resultaat.

Daarop is Hilda Daneels aan de beurt. Hoe hard de SD'ers ook aandringen, ze zwijgt als het graf. 'God, wat jammer dat je kinderen naar Duitsland zullen verdwijnen', besluiten de SD'ers giftig en ze duwen haar in een auto die in volle vaart naar de gebouwen van de SD aan de Koningin Elisabethlaan 22 rijdt. Na een paar uren zijn de SD'ers er weer. 'Je man houdt ons voor de gek', zeggen ze. 'Je zult hem nooit meer terugzien. Hij zal boeten voor alle VNV'ers die zijn omgekomen.' Het hart zinkt haar in de schoenen als zij in het holst van de nacht in de Begijnenstraat wordt opgesloten. Intussen wordt Sevens hardhandig ondervraagd en geconfronteerd met een van zijn contactpersonen, de onderwijzer Leon Toté. Uiteindelijk wordt de substituut, die al flink wat bloed heeft verloren, met Toté en de student Lodewijk Grare in één cel gestopt.

Gesteund door zijn twee celgenoten strompelt Sevens zaterdagnamiddag, 5 augustus, naar de bestelwagen die hen naar Breendonk zal brengen. Hij draagt een beigekleurig zomerpak dat gescheurd en verkreukeld is. Als hij voor de ingangspoort uitstapt, komen er enkele SS'ers recht op hem af. 'Schiet een beetje op!' roepen ze, terwijl ze hem aan alle kanten porren. Hun stemmen klinken hol en versterkt als in een grot.

De SS'ers leiden Sevens door het donkere labyrint van gangen naar het magazijn, waar hij zijn burgerkleren voor een leger-uniform inruilt. Als hij zich omkleedt, merken de joodse magazijnmeesters dat zijn lichaam bedekt is met blauwe plek-ken en honderden kleine brandwondjes, die kennelijk door een elektrische naald veroorzaakt werden. Het is alsof de SD'ers hem met een heet strijkijzer hebben bewerkt. Sevens moet al zijn bezittingen afgeven en hij ondertekent de fiche met: procureur des konings Antwerpen. 'Aha! Ze hebben een procureur gesnapt. Stel je voor!' grinnikt de Roemeense SS-man Schneider en hij stompt Sevens in de buik. Daarna wordt hij kaalgeschoren, in bad gestopt en naar kamer 6 gebracht, waar hij verwelkomd wordt door twee stadgenoten, de post-zegelhandelaar Jules Palier en de leraar Lodewijk Verheyen. 'Kop op', maant Verheyen. 'Morgen kun je wat uitblazen.'
Het is zondag gelukkig heel wat rustiger. Geen getier van SS'ers of gymnastiek. 'Laten we hopen dat het zo blijft', ver-zucht Verheyen. Maar achter zijn rug speelt er zich een dra-ma af. Alfred Heilberg, de leider van de gedetineerde joden, moet in de kantine een groot zwart laken op de tafel uitsprei-den. 'Dat is voor de pers', spot Prauss. 'Voor de uitreiking van de sportprijs', lacht De Saffel. Heilberg heeft algauw door dat het vertrek als rechtbank wordt ingericht. Even later ziet hij de rechters in een luxueuze auto arriveren, gevolgd door een vrachtwagen met gevangenen en doodskisten. Na een schertsproces worden veertien onbekenden in de vroege namiddag terechtgesteld.

Maandagmorgen staat Sevens koortsig en rillend op. De SS'ers bevelen hem kipkarren te vullen en voort te zeulen, in het gezelschap van enkele Limburgse gevangenen uit Heers. Maar hoe hard hij ook zijn best doet, toch lukt het niet. Zijn benen kunnen zijn gewicht niet meer dragen. Zijn gezicht is grijs van het stof en het zweet loopt in straaltjes naar beneden. Wyss kaffert hem om de zoveel minuten uit. 'Zozo, knappe substituut, je hebt vandaag je dag niet. Je hebt blijkbaar een broertje dood aan werken.' Waarop hij Sevens vastgrijpt en hem tegen een berg zand gooit. De substituut ligt doodziek en gehavend op de grond. Wyss buigt zich over hem heen en zegt tegen dokter Hendrik Reynaers: 'Kijk eens hoe hij er voorstaat.' Reynaers voelt Sevens' hartslag steeds verder afnemen. 'Het ziet er niet best uit', zegt hij voorzichtig tegen Wyss. Aan zijn medegevangenen vertelt de arts: 'Eerlijk gezegd, ik denk niet dat hij het zal halen.'

Die avond om 9 uur worden de gevangenen van Heers, net als tientallen andere, op transport naar Buchenwald gesteld. Sevens heeft een onrustige nacht. De volgende morgen verschijnt hij niet op het appèl van kwart voor acht. Wyss en Brusselaers snellen naar zijn kamer en sleuren hem naar de binnenplaats, waar de andere gevangenen al in de rij staan met gezichten zonder uitdrukking en een kleur alsof ze allemaal in de rouw zijn. Lodewijk Verheyen probeert Sevens te ondersteunen, maar hij moet hem loslaten als Prauss de rijen inspecteert, waarop de substituut naar voren valt. Prauss begint hem driftig te schoppen, werpt een paar emmers koud water over hem heen en laat hem dan halfdood in de zon achter.

Na een hele tijd komen twee gevangenen met droge kleren aanzetten. Ze trekken Sevens, die nog steeds groggy is, een ander hemd en broek aan. In de kamer bet Jules Palier, de postzegelhandelaar, het voorhoofd van de substituut met een nat doekje en rond kwart over twee in de namiddag sterft hij in zijn armen. Twee Russische soldaten leggen het stoffelijke overschot in een kist, die met een bestelwagen naar een onbekende plaats wordt weggebracht.

DE PANTOFFELMAAKSTER

Dokter Hendrik Reynaers moet de ziekenzaal dweilen en schoonmaken terwijl de Duitse verpleger Bock, die van beroep loodgieter is, de zieken verzorgt. Af en toe mag Reynaers inspringen. Zo kan hij zich ontfermen over Jacques De Ridder, een suikerzieke van een jaar of zestig wiens benen helemaal zijn opgezwollen. Geen therapie kan deze man met zijn gelige, perkamentachtige gezicht nog redden. De Ridder sterft op 14 augustus als een hond. Er kruipen wel honderd wormen uit zijn lijk en uit zijn matras.

Nu de geallieerden snel oprukken, zweven de ss'ers constant tussen hoop en vrees. Ze zijn slechte verliezers en reageren hoe langer hoe gefrustreerder.

Dat geldt ook voor Rotenführer De Bodt, die een zekere Emiel Steenackers ervan verdenkt dat hij hem dreigbrieven stuurt. Op een zaterdag, midden augustus, komt hij erachter dat de verdachte zich schuilhoudt bij Willem Van Huelst, een notoire smokkelaar die aan de Vaartstraat 400 te Willebroek middenin de bossen woont. In diens huis naast de spoorbaan Ruisbroek-Boom plegen Duitse militairen hun liefjes ongestoord te ontmoeten.

Aan het eind van de middag doet Prauss een beroep op Frans Van Neck, de chauffeur van de kampcommandant, om Steenackers op te pakken. Samen fietsen ze naar de brug van Klein-Willebroek. Daar spreken ze af dat ze het huis met een dertiental Wehrmacht-soldaten zullen omsingelen. Het is snikheet en ze praten zacht zodat ze op het geluid kunnen afgaan. Af en toe blijft Van Neck even staan om te luisteren, maar er weerklinkt alleen gelach en gezang in de verte. Als hij dichter bij de voorkant van de woning komt, kan hij de uitgelaten stemmen van de feestvierders horen. Ze zijn volop aan het dansen en zuipen alsof dit feest de laatste uiting is van alles waarvoor ze ooit hebben geleefd.

Van Neck blijft plotseling staan, schiet enkele malen in de lucht en roept: 'Als jullie niet direct naar buiten komen, steken we het kot in brand.' Enkele Duitse soldaten, een paar mannen en een vijftal vrouwen uit Willebroek verschijnen bedremmeld in de deuropening. 'Wat moet dat hier?' De stem van een van de mannen verraadt dat hij stomdronken is. 'Ga in een halve cirkel staan', gebiedt Van Neck, die een pet met een doodskop erop draagt. Opeens draait hij zich om en grijpt Emiel Steenackers bij de kraag. 'Dat is hem', zegt hij tegen de Duitsers terwijl hij zijn revolver op de borst van Steenackers drukt. 'Wat doe je toch, Frans', roept Alice G. verschrikt uit. 'Hoor eens, kind', antwoordt de ss'er, 'dienst is dienst, dat begrijp je toch zeker wel?' 'Weet ik, Frans', zegt ze met haar radde tong, 'Schnaps is schnaps.' Van Neck deinst verbaasd achteruit. 'Heb je iets tegen mij? Wat heb je hier te zoeken?' 'Ik en Clementine kwamen hier vijf minuten geleden toevallig voorbij en de mannen vroegen ons een pintje met hen mee te drinken.' Van Neck wendt zich nu tot de andere vrouwen. 'En jullie zijn ook toevallig hier zeker?' vraagt hij schamper.

Maria B. zegt dat ze geitenmelk kwam halen die ze nodig heeft voor haar gezondheid. 'Ik zat in een leunstoel in de zitkamer op mijn melk te wachten.' Octavia C., een pantoffelmaakster, beweert dat ze met haar vriendin Celine R. per ongeluk voorbij de woning van Steenackers wandelde. 'Ik kom hier nogal eens schillen voor de geiten brengen.' Van Neck weet genoeg. 'Maak je zo vlug mogelijk uit de voeten', gromt hij tegen de vrouwen. Van Huelst en Steenackers moeten mee naar het fort.

Breendonk loopt stilaan weer vol. Er verblijven na verloop van tijd weer zowat 250 gevangenen. De oudste gedetineerde, een zekere Poswick uit Brussel, een man van een jaar of tachtig, moet net als de andere slavenarbeid verrichten onder het toezicht van Wyss, De Bodt en de hoekige Felix Brusselaers uit Heist-op-den-Berg, die 'de autoscooter' wordt genoemd, omdat hij gewoon is hardhandig tegen iedereen op te botsen. Wyss sart de oude man graag door opzettelijk op zijn voeten te gaan staan, hem aan zijn oren te trekken en hem als een tol om zijn as te laten wentelen. 'Wel, opa', vraagt hij dan sarcastisch, 'hoe bevalt de oorlog je?'

Hoewel de executiepalen al een tijdje zijn afgebroken, vinden er nog steeds terechtstellingen plaats. Rene Jaspers, een achttienjarige student uit Zolder, die geallieerde piloten heeft helpen ontsnappen, hoort op een dag schoten. Achteraf ziet hij de bloedsporen van een zestal terechtgestelden, maar hij weet niet om wie het gaat.

Eind augustus worden Jaspers en een kleine 120 medegevangenen in Antwerpen in een goederentrein geduwd. De wagons zitten al vol met gedetineerden uit Frankrijk en uit de Gentse Nieuwe Wandeling. De propvolle trein blijft bijna twee dagen en twee nachten in het Antwerpse station staan totdat hij eindelijk de reis aanvat naar Neuengamme aan de Elbe, vlakbij Hamburg.

Op dat ogenblik wordt Marcel Louette in Breendonk urenlang verhoord door de Antwerpse SD'er Veit. Daar hij niets uit Louette krijgt, haalt hij Prauss erbij. 'Ik zal je vandaag de laatste sacramenten toedienen', zegt de luitenant, terwijl hij Louette met de zweep in het gezicht slaat. 'Maar eerst moet je nog een verklaring afleggen'. Hij stopt de leider van de Witte Brigade een getypte vragenlijst van zeven bladzijden toe. 'Die moet je voor morgen negen uur invullen', maant Prauss hem. Om zes uur in de namiddag brengt De Bodt Louette naar de cel. 'Je bent een ezel', zegt hij, 'als je spreekt, kun je morgen op de Keyserlei een pint gaan drinken.'

Een dag later, op 31 augustus om zeven uur 's morgens, worden ongeveer 130 gevangenen op de binnenplaats verzameld. Onder hen bevinden zich zes medewerkers van de inlichtingendienst Zero, die zware kettingen om de voeten dragen. De hele binnenplaats is afgezet, evenals de holle gang erachter, helemaal tot aan de toegangspoort. De bewakers leiden de gedetineerden in allerijl naar twee autobussen van de maatschappij 'Lux' en verplichten hen in de gang en tussen de banken neer te knielen, zodat men de indruk heeft dat de bussen leeg zijn. Wie het waagt z'n hoofd op te heffen, krijgt enkele ferme klappen met de kolf van een geweer.

Even later rijden de oude vehikels knarsend weg, gevolgd door een personenwagen waarin de Duitse verpleger Bock en de Roemeense ss'er Schneider plaats hebben genomen. De ochtend en de namiddag kruipen voorbij, maar alle passagiers, ook de elf zwaargewonden en de oude Poswick, zitten nog steeds op hun knieën, snakkend naar adem, zo benauwd hebben ze het. Doordat ze niet door de ramen kunnen kijken, weten ze niet eens waar ze naartoe rijden. Te pas en te onpas stoppen de bussen zodat er geen eind aan de reis lijkt te komen. Na ruim twaalf uur, terwijl de schemering begint te vallen, komen de bussen met een schok tot stilstand voor de ingang van het kamp van Vught.

Geradbraakt wringen de passagiers zich met hun armzalige bagage naar buiten en lopen achter elkaar door een hek. De kampleider gaapt hen onthutst aan. 'Jullie werden in Breen-

donk toch door Vlaamse mensen bewaakt', zegt hij verbaasd
tegen Toté. 'Pardon, het waren geen mensen maar wilde die-
ren', verbetert de Antwerpenaar hem. 'Ik heb nog nooit zo'n
zielige troep gevangenen gezien', gaat de kampleider verder.
'Het is de eerste en meteen ook de laatste keer dat ze me met
zo'n bende opzadelen.'
Terwijl Toté wordt ingeschreven, kijkt hij de oude Poswick
zijdelings aan. Hij zit sereen op een stoel. Hij rust wat uit,
denkt Toté, maar als hij dichterbij komt, merkt hij dat Poswick dood is.

DE BEVRIJDER

Wyss voert Aron Baumgard naar de Dossin-kazerne in
Mechelen. 'Riskeer het niet te gaan lopen, want ik schiet je
ter plekke neer', waarschuwt hij de jood. Daarmee zit de job
van Wyss erop, al wil hij nog altijd niet geloven dat het allemaal voorbij is.
Nu de geallieerden bijna aan de Belgische grens staan, verlaten de SS'ers het kamp van Breendonk, waar ze door een com-
pagnie van de Wehrwacht worden afgelost. Op 2 september
trekken de geallieerde troepen België binnen en een dag later
bevrijden ze Brussel.
Terwijl de Britse tanks op de ochtend van 4 september over de
autoweg naar Antwerpen rijden, ontruimen de laatste Duitse
soldaten in vliegende haast het fort. Met de deskundige hulp
van luitenant Robert Vekemans stoten de tanks vlug door
naar Willebroek, om met een tangbeweging de bruggen van
Boom te veroveren. Als de geallieerden het kamp bereiken is
er niemand meer.

In cel 16 treffen ze een tekst aan, die door een gevangene van rechts naar links in de muur is gekrast:

In het aanschijn van de dood
denk na o sterveling
en weet dat uw nietig bestaan
en uw korte dood
slechts snel vergeten ogenblikken zijn
in vergelijking met het onmetelijke heelal.
Van dit hoger belang uit gezien
zijn wij slechts twee miljard dansende pluisjes stof
verspreid aan de oppervlakte van een atoom
dat ronddwarrelt in de oneindige sterrenhemel.
Persoonlijk lijden of geluk
ikzucht of zelfopofferingsgeest
leugen of waarheid
lafheid of moed
haat of liefde
natuurlijke zotheid of dood
zijn van geen belang
indien men met deze maatstaf meet.
Al blijft u op een aards plan
toch zal uw individueel bestaan verzinken
in het niets van de vergetelheid
inderdaad: de geschiedenis.